CB068734

inter
saberes

Coaching na prática

Elaine Saad

Rua Clara Vendramin, 58 . Mossunguê
CEP 81200-170 . Curitiba . PR . Brasil
Fone: (41) 2106-4170
www.intersaberes.com
editora@intersaberes.com

Conselho editorial	Dr. Ivo José Both (presidente)
	Drª. Elena Godoy
	Dr. Neri dos Santos
	Dr. Ulf Gregor Baranow
Editora-chefe	Lindsay Azambuja
Gerente editorial	Ariadne Nunes Wenger
Assistente editorial	Daniela Viroli Pereira Pinto
Preparação de originais	Palavra Arteira
Revisão de texto	Letra & Língua
Capa	Sílvio Gabriel Spannenberg (design)
	paulaphoto/Shutterstock (imagem)
Projeto gráfico	Fernando Zanoni Szytko
Diagramação	Bruno Palma e Silva
Equipe de design	Sílvio Gabriel Spannenberg
	Iná Trigo
Iconografia	Regina Claudia Cruz Prestes

Dados Internacionais de Catalogação na Publicação (CIP)
(Câmara Brasileira do Livro, SP, Brasil)

Saad, Elaine
　　Coaching na prática/Elaine Saad. 1. ed. Curitiba: InterSaberes, 2021.

　　Bibliografia.
　　ISBN 978-65-89818-09-0

　　1. Autoconhecimento 2. Carreira profissional – Administração 3. Coaching 4. Desenvolvimento pessoal 5. Liderança I. Título.

21-60378　　　　　　　　　　　　　　　　CDD-658.4092

Índice para catálogo sistemático:

1. Coaching: Administração de empresas 658.4092
Cibele Maria Dias – Bibliotecária – CRB-8/9427

Foi feito o depósito legal.
1ª edição, 2021.

Informamos que é de inteira responsabilidade da autora a emissão de conceitos.
Nenhuma parte desta publicação poderá ser reproduzida por qualquer meio ou forma sem a prévia autorização da Editora InterSaberes.
A violação dos direitos autorais é crime estabelecido na Lei nº 9.610/1998 e punido pelo art. 184 do Código Penal.

Sumário

13 *Prefácio*

15 *Apresentação*

17 *Como aproveitar ao máximo este livro*

1

20 História do coaching
21 1.1 Antecedentes
25 1.2 Primeiras práticas no Brasil
27 1.3 Evolução
28 1.4 Dias de hoje
30 1.5 Recomendações

2

32 O coach
33 2.1 O perfil do coach
34 2.2 Competências e habilidades do coach
40 2.3 O perfil pessoal do coach
45 2.4 Autoconhecimento e equilíbrio emocional
49 2.5 Código de conduta e ética profissional

3

64 O coachee
65 3.1 C-Level
78 3.2 Líderes em geral
81 3.3 Coachees em transição de carreira
83 3.4 Empresários
84 3.5 Comportamento humano

4

86 Contextos de contratação do coaching
87 4.1 Quando é necessário um coach externo
88 4.2 Quando é necessário um coach interno
92 4.3 Mentoria
100 4.4 Contratação dos serviços de coaching
104 4.5 Pós-coaching dentro da organização

5

106	A prática do coaching
108	5.1 A entrevista de química
115	5.2 A primeira sessão
119	5.3 O *assessment* e os instrumentos de avaliação de perfil (*mapping*)
136	5.4 As sessões e o plano de desenvolvimento pessoal
142	5.5 A última sessão (fechamento)

6

144	Algumas questões trabalhadas com coachees

7

156	Desafios de ser consultor
158	7.1 *Briefing* com clientes
159	7.2 Propostas de serviço
161	7.3 Confidencialidade e sigilo
162	7.4 Relatórios
163	7.5 Pesquisa de satisfação

167	*Considerações finais*
169	*Glossário*
175	*Referências*
179	*Sobre a autora*

Dedicatória

Aos meus pais, Wanderlei e Therezinha, que me ensinaram a ser honesta e correta e a enfrentar os problemas de frente, sem medo. Sem vocês, eu não teria se quer começado.

À minha "Tia Fifi", que, com sua alegria e felicidade contagiante, me ensinou que podemos ver muito melhor quando usamos o coração. Os olhos não são essenciais à visão. Amarei você para sempre.

Aos meus filhos, Lucas, Marina, Carol e Stéfanie, que perderam muito tempo da convivência comigo em razão das inúmeras horas de trabalho, mas que, mesmo assim, souberam crescer de maneira consistente, tornando-se adultos que valorizam a vida, os estudos e o trabalho. Vocês são minha fonte contínua de inspiração e de luta.

Ao meu companheiro, Marco Antonio, pela compreensão, pelo apoio e pelo estímulo. Você tem conseguido me desafiar a pensar as coisas de outra maneira. E a enxergar o mundo com outra lógica. Obrigada.

A todos os meus familiares e amigos, que fizeram, fazem e farão parte da minha vida.

A gente sempre aprende se estiver aberto a entender o que estamos aprendendo.

Agradecimentos

Agradeço a todos os meus clientes que, nesses mais de 30 anos de trabalho, deram-me a oportunidade de colocar em prática a teoria. Pessoas que confidenciaram a mim suas vidas e que, com genuína transparência, confiaram em meu profissionalismo de guardar seus segredos, suas angústias e seus medos a sete chaves. Obrigada de coração.

Também agradeço a YSC (Young Samuel Chambers) e a todos os meus colegas das cinco regiões do globo que me ensinam, todos os dias, a ser profunda, generosa e criteriosa. Em especial a Andy Houghton, Bob Morris e Rosanna Trasatti, que me contrataram e acreditaram em mim. A Steve van Zuylen, o britânico mais latino que já conheci, a Sam Gilpin, por sempre me acolher, e a Eric Pliner, nosso CEO atual, por ser um exemplo de profissional, mas, acima de tudo, um exemplo de ser humano, com quem aprendo, a cada interação, a ser melhor e a fazer diferença no mundo.

Ainda quero agradecer às pessoas que me dão suporte, apoio e força todos os dias para atendermos nossos clientes. São elas:

Fabiany Castilho – minha gerente do escritório, mas, mais do que isso, minha companheira de jornada, amiga, esforçada, comprometida e confidente.

Viviane Honorato – minha secretária, assistente e apoiadora, que, com sua doçura e paciência, atende os clientes e sabe manejar minha vida por meio da minha agenda, respeitando alguns espaços pessoais (quando é possível, não é, Vivi?).

Giscard Felix – que comanda nossas operações financeiras e tem a calma necessária para nos guiar quando as águas se tornam turbulentas, cuidando da enorme parte burocrática de qualquer consultoria.

Bruna Gianussi – minha psicóloga querida, que tem me acompanhado todos os dias na jornada de descobrir a alma humana. Obrigada também por sua colaboração com o glossário desta obra.

Ricardo Mota – que, com sua alegria e disponibilidade de aprender, tem contribuído na construção da nossa divisão *on-line* de instrumentos de avaliação.

Du Pimentel – Carlos Eduardo, como gosta de ser chamado, que nos apoia na organização de todos os processos e projetos que fazemos.

Mag Schimidt – nossa consultora mais sênior, psicóloga de uma profundidade ímpar e que, com seu português perfeito, ensina-nos todos os dias.

Henrique Carvalho – que, embora já tenha deixado nossa empresa, foi um de nossos assistentes mais felizes. Obrigada por sua disponibilidade em servir.

Por fim, não poderia deixar de registrar que, neste momento da minha escrita, a pandemia de covid-19 tem nos levado à reflexão sobre a existência humana, sobre nossa missão aqui e sobre a forma como nos relacionamos. Essa vivência tem nos ensinado a nos aproximarmos uns dos outros e a transformarmos nosso trabalho. Com certeza, esse período será lembrado por todas as gerações de hoje e de amanhã.

Acho fascinante que a maioria das pessoas planeje as férias com mais cuidado do que planeja sua vida. Talvez porque escapar seja mais fácil do que mudar.

JIM ROHN

Se você não projetar seu próprio plano de vida, é provável que caia no plano de outra pessoa. E adivinhe o que ela pode ter planejado para você? Não muito.

JIM ROHN

Prefácio

Ser convidada para prefaciar um livro sobre práticas de coaching por uma amiga e companheira de mercado é uma dupla emoção.

O coaching entrou na minha vida como desejo de carreira na década de 1970, quando eu ainda era uma executiva de empresa e ninguém falava sobre esse tema. Depois, nos anos 1990, essa atividade passou a fazer parte definitivamente da minha trajetória profissional. O coaching sempre foi, para mim, o meio para exercício de uma causa, que é ser uma ponte para o crescimento e a realização da carreira de quem eu possa servir.

É longa a batalha para tornar essa atividade conhecida e digna. Os últimos anos têm sido particularmente difíceis para os profissionais sérios da área, pois a proliferação de coaches sem formação adequada e o uso deturpado do termo trouxeram muita confusão para aqueles que contratam esse serviço. E Elaine e eu temos sido grandes aliadas e parceiras nessa luta.

Nesse sentido, este livro é preciso para tal empreitada, pois organiza o histórico ao passar pelos grandes estudiosos do comportamento humano, resgate importante para que os leitores entendam que existe ciência na prática dessa atividade.

Também enfoca o papel, as competências e as habilidades do coach. Nosso papel é ouvir, perguntar e apoiar reflexões. Não, nós coaches não somos contratados para prescrever orientações ou dizer o que nossos clientes devem fazer. Temos a função honrosa de apoiar reflexões que se baseiam na ampliação do campo da autopercepção e do impacto que ela tem no ambiente.

Para nos tornarmos coaches, devemos passar por um processo de autoconhecimento – e, de preferência, sob alguma supervisão. Não somos imunes à subjetividade e ao envolvimento emocional diante dos árduos temas que podem apresentar-se durante o processo de coaching.

Esta obra ainda destaca com precisão questões éticas cruciais nesse campo. É criminosa a confusão que muitos que se dizem coaches fazem, misturando conceitos, entrando na vida pessoal dos indivíduos, agindo como se um teste e dois *feedbacks* completassem um processo de coaching. É comum vermos atitudes antiéticas por parte de coaches que entregam relatórios de conteúdo das sessões para o patrocinador do processo, sendo o correto entregar a avaliação somente para o próprio cliente – o coachee.

Escutar, estar atento com olhar curioso, respaldar a escuta por um referencial teórico e ter uma metodologia forte são pontos fundamentais para a atividade do coaching. E, não menos importante, ter uma experiência que permita fazer uma leitura profunda sobre as organizações e sua governança completa o ciclo.

O coaching é uma nobre arte. Nobre porque se põe a serviço do crescimento do outro. Arte porque requer paixão e um olhar estético para o humano. Não é para qualquer um. E justamente nesse ponto é que estão muitas das qualidades da autora. Elaine Saad é uma dedicadaemdiosa, séria, praticante cuidadosa e leal aos valores humanos.

Leia e saboreie este livro. A base para começar a se formar como coach está aqui. Depois disso, pratique, pratique e pratique.

Vicky Bloch

Apresentação

Este livro é destinado a estudantes e profissionais interessados em assimilar uma visão prática, do dia a dia, de como devem ser conduzidos os processos de coaching, a quem são destinados, em que momento e com qual finalidade.

Já há muito tempo tenho pensado em registrar em um livro minha experiência. Acredito que as coisas acontecem no momento em que têm de acontecer, e esse foi o momento para que eu escrevesse sobre um dos trabalhos que desenvolvo: o coaching.

Para os colegas psicólogos que, como eu, formaram-se na década de 1980, esse processo não existia da maneira como ele é praticado hoje. Psicólogos trabalhavam em empresas de forma muito específica, e os processos ainda não eram evoluídos como atualmente.

No entanto, com a evolução dessa prática, muita coisa surgiu, algumas boas, outras de menor qualidade. Existem no mercado muitas formações, cursos rápidos e quase "milagrosos" que nos ensinam a ser coaches. Cuidado, essa não é uma atividade fácil nem que se aprende em poucos dias. É algo sério, complexo e de muita responsabilidade. O intuito desta obra é contribuir para conscientizar as pessoas sobre a importância da formação, da leitura, do estudo e da prática do coaching.

A melhor forma que encontrei para fazer isso foi dividir com vocês minha experiência prática e abordar algumas questões relevantes. No Capítulo 1, iniciamos esta jornada com informações sobre a história do coaching. Sabe por quê? Porque tudo com o que tomamos contato, com algumas exceções, vieram do esforço e da dedicação de alguém. Quando somos jovens, às vezes achamos que as coisas surgem do nada, mas isso não é verdade. Tudo que você decidir estudar, pesquise. Com certeza, encontrará no passado o esforço de alguém.

Nos Capítulos 2 e 3, apresentamos os coaches e os coachees, quem são, como são e do que necessitam para ser. Por sua vez, nos Capítulos 4 e 5, evidenciamos o contexto em que esses processos são aplicados e como acontecem na prática. No Capítulo 6, buscamos dividir com você as questões, os problemas e os comportamentos que estão sendo desenvolvidos em meus coachees e que poderão ajudá-lo a perceber como esses processos de fato acontecem. Por último, no Capítulo 7, tratamos dos aspectos da consultoria no dia a dia, de modo que você conheça e lide com as questões operacionais de ser coach.

É importante fazermos aqui um parêntese para deixar claro que, em diversos momentos deste livro, referenciamos pessoas, profissionais ou executivos, empregando o gênero masculino. Isso foi feito apenas para não ter de, em todas as ocorrências, ressaltar "ele e ela", "aquele ou aquela", o que prejudicaria a fluidez da leitura. Além disso, muitas denominações de cargos, por exemplo, em inglês, não têm gênero definido, mas, quando traduzidos para o português, assumem o gênero masculino. Por isso, todas essas expressões são válidas para todos os gêneros.

Desejamos uma excelente leitura. Mais do que isso, desejamos inspirar você, leitor, para que escolha o caminho correto de formação e prática, que, com certeza, não será o mais rápido ou curto, mas será o melhor e o mais honesto para com as pessoas que o escolherem como coach.

Que este seja o início de uma jornada de sucesso!

Como aproveitar ao máximo este livro

Empregamos nesta obra recursos que visam enriquecer seu aprendizado, facilitar a compreensão dos conteúdos e tornar a leitura mais dinâmica. Conheça a seguir cada uma dessas ferramentas e saiba como elas estão distribuídas no decorrer deste livro para bem aproveitá-las.

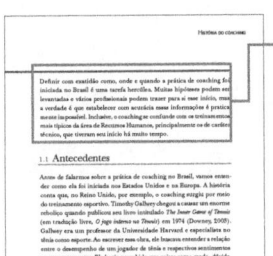

Introdução do capítulo
Logo na abertura do capítulo, informamos os temas de estudo e os objetivos de aprendizagem que serão nele abrangidos, fazendo considerações preliminares sobre as temáticas em foco.

Importante!
Algumas das informações centrais para a compreensão da obra aparecem nesta seção. Aproveite para refletir sobre os conteúdos apresentados.

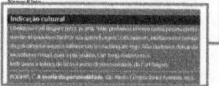

Indicações culturais
Para ampliar seu repertório, indicamos conteúdos de diferentes naturezas que ensejam a reflexão sobre os assuntos estudados e contribuem para seu processo de aprendizagem.

1 História do coaching

Definir com exatidão como, onde e quando a prática de coaching foi iniciada no Brasil é uma tarefa hercúlea. Muitas hipóteses podem ser levantadas e vários profissionais podem trazer para si esse início, mas a verdade é que estabelecer com acurácia essas informações é praticamente impossível. Inclusive, o coaching se confunde com os treinamentos mais típicos da área de Recursos Humanos, principalmente os de caráter técnico, que tiveram seu início há muito tempo.

1.1 Antecedentes

Antes de falarmos sobre a prática de coaching no Brasil, vamos entender como ela foi iniciada nos Estados Unidos e na Europa. A história conta que, no Reino Unido, por exemplo, o coaching surgiu por meio do treinamento esportivo. Timothy Gallwey chegou a causar um enorme reboliço quando publicou seu livro intitulado *The Inner Game of Tennis* (em tradução livre, *O jogo interno no Tennis*) em 1974 (Downey, 2003). Gallwey era um professor da Universidade Harvard e especialista no tênis como esporte. Ao escrever essa obra, ele buscava entender a relação entre o desempenho de um jogador de tênis e respectivos sentimentos e comportamentos. Ele havia percebido que coisas como medo, dúvida, falta de autoconfiança e insegurança poderiam alterar ou prejudicar o desempenho de um jogador em quadra. Gallwey deu a esse conjunto de sentimentos o nome de *interferências*.

Uma das maneiras de reduzir a interferência é concentrando a atenção, o que Gallwey chamou de *concentração relaxada*, traduzindo a ideia de algo que podemos fazer de maneira automática e sem esforço concentrado (Downey, 2003). Nesse modelo inicial de coaching, o papel do coach era reduzir a interferência e ajudar o coachee a aprender. À época, os treinadores não deveriam informar aos seus treinandos o que fazer nem oferecer conselhos, somente os conduziam de modo não diretivo e simplesmente os estimulavam a refletir sobre seus comportamentos durante a execução da tarefa.

Portanto, acreditava-se que os treinadores não precisavam conhecer com profundidade o trabalho realizado por aquele jogador ou o grupo em que ele estava inserido. Também não era necessário ser um especialista naquele esporte. O pressuposto da época era que o fato de que, quando o treinando conseguisse se expressar para alguém com uma boa escuta e que soubesse fazer as perguntas corretas, isso lhe permitiria solucionar as interferências. Myles Downey (2003) e The School of Coaching, em Londres, no Reino Unido, também foram influências significativas na construção desse modelo não diretivo, de apoiar atletas por meio de treinamento. Eles se basearam na abordagem do jogo interno e na terapia de Carl Rogers.

Em paralelo a Gallwey, um piloto de corridas também britânico, John Whitmore, interessou-se pelos trabalhos de Gallwey e o procurou. Whitmore foi, então, treinado por Gallwey nessa nova técnica, tornando-se um coach. O piloto foi o fundador, no Reino Unido, dos denominados *jogos internos*. Usando o que havia aprendido com Gallwey, ele se juntou a outros colegas com ideias e princípios semelhantes para treinar homens e mulheres esportistas. Obviamente, com a repercussão de seu trabalho, não demorou muito para que os próprios clientes de Whitmore começassem a indagá-lo sobre a possibilidade de aplicar os princípios utilizados nos esportes ao mundo corporativo e a outros locais de trabalho.

Cabe aqui uma nota curta para ressaltarmos que, em consultoria, a maioria dos produtos ou serviços é criada por necessidade ou a pedido dos clientes. Produtos e serviços concebidos pelos próprios consultores tendem a não ter sucesso junto aos clientes – mas é claro que há exceções –, pois podem ser elaborados sem a percepção das demandas prioritárias das organizações.

> **Importante!**
> **John Whitmore** foi o principal incentivador do coaching visando ao preparo e ao desenvolvimento de líderes. Seu trabalho voltava-se à melhoria de desempenho no local de trabalho. Ele escreveu cinco livros sobre liderança, coaching e esportes, sendo o mais conhecido *Coaching para performance*, com um milhão de cópias vendidas em 23 idiomas.

Dessa forma, a história de John Whitmore é apontada como uma das rotas utilizadas pelo coaching para ingressar na arena do mundo dos negócios. Mas não é a única.

Enquanto isso, nos Estados Unidos, por volta de 1973, Nancy Klein começou seus estudos para o que chamou posteriormente de *the thinking environment* (em tradução livre, "o ambiente pensante"). Ela é fundadora e presidente da Time to Think, empresa de consultoria na área de coaching e liderança. É autora de livros e palestrante. Sua empresa foi fundada em 1984 e surgiu do trabalho de Nancy quando viveu em Washington, DC (Distrito de Columbia). Seu modelo de coaching, assim como o de Whitmore, é não diretivo, em que o mais importante papel do coach é criar uma escuta absolutamente atenta, deixando que seus coachees pensem e reflitam por si só. Para Nancy (1999), a qualidade da atenção dada pelo coach é diretamente proporcional à qualidade do pensamento do coachee. No momento em que os pensamentos do coachee se esgotam ou passam a girar em torno das mesmas questões, é quando o coach deve intervir, fazendo perguntas incisivas e diretas, na tentativa de contribuir para que o coachee saia de um modo limitante de pensamento.

O trabalho de Nancy Klein (1999) influenciou a prática do coaching nos Estados Unidos e também no Reino Unido, onde muitos coaches passaram a utilizar seu modelo de *time to think*. A teoria de Klein (1999) e os desdobramentos de seu trabalho indicam mais uma rota do ingresso do coaching no mundo corporativo. Desse modo, a autora defende que uma das coisas importantes e valiosas que um coach consegue oferecer ao seu coachee é uma estrutura eficaz para que este consiga refletir sobre si mesmo (Klein, 1999).

Impossível aqui não mencionarmos a grande e dominante influência nos processos de coaching que vêm da psicologia. Segundo Renton (2009), uma das mais importantes figuras americanas que influenciou os processos de coaching foi o psicólogo Carl Rogers (1902-1987), com sua teoria da abordagem centrada nas pessoas. Rogers é amplamente estudado nos cursos de formação de psicólogos até hoje. Ele acreditava que a relação entre o terapeuta e o cliente seria a base para o sucesso de um tratamento. Muito ativo nos meados do século XX, Rogers defendia a ideia de que os bons relacionamentos ajudariam os clientes a encontrar dentro de si próprios a capacidade de crescer e se desenvolver. Ele enfatizou a liderança desse processo de desenvolvimento pelo próprio cliente, em vez das ênfases mais tradicionais da época de que deveríamos "consertar" as pessoas. Ele acreditava que somente os próprios clientes poderiam curar-se e incentivava a importância de aceitar o cliente, de ouvi-lo sem julgá-lo. Dessa forma, Rogers é considerado o precursor da escola não diretiva e foi, provavelmente, um influenciador dos trabalhos de Nancy Klein.

> **Indicação cultural**
>
> Conforme Carl Rogers (1973, p. 381), "Não podemos ensinar outra pessoa diretamente; só podemos facilitar sua aprendizagem". Obviamente, muitas outras teorias da psicologia e autores influenciam o coaching até hoje. Não podemos deixar de reconhecer Freud, com a psicanálise, Carl Jung, entre outros.
> Indicamos a leitura do livro *A teoria de personalidade*, de Carl Rogers.
>
> ROGERS, C. **A teoria da personalidade.** São Paulo: Livraria Santo Antonio, 1973.

Sigmund Freud nasceu na Morávia em 1856. Quando ele tinha quatro anos de idade, a família mudou-se para Viena. Em 1886, concluiu o curso de medicina e abriu seu consultório especializado em neurologia. Mais tarde, desenvolveu o método da cura pela fala, que evoluiria para se tornar uma abordagem psicológica totalmente inovadora. Essa abordagem é denominada *psicanálise*, que trouxe a definição do inconsciente humano. Por volta de 1908, Freud formou a Sociedade de Psicanálise, que teve por finalidade dar continuidade à escola de pensamento desse médico neurologista. Durante a Segunda Guerra Mundial, os nazistas queimaram seu trabalho em praça pública, e Freud teve de se mudar para Londres, onde faleceu em 1939. O museu de Londres é localizado na própria casa onde Freud viveu. Lá estão seu consultório e seu famoso divã. Uma citação importante do próprio Freud que se encontra no museu é a seguinte: "Poetas e filósofos descobriram o inconsciente antes de mim; o que eu descobri foi o método científico para estudá-lo" (Freud Museum, tradução nossa).

E o que falar de Jung? Carl Gustav Jung nasceu em uma pequena vila suíça em 1875. Jung estudou psiquiatria, mas, após conhecer Freud em 1907, tornou-se psicanalista e herdeiro das teorias do próprio Freud. No entanto, os dois discordaram teoricamente sobre alguns aspectos e, diz a história, nunca mais vieram a se encontrar. Jung levou ainda mais a fundo os estudos de Freud e mostrou-se fascinado pelo fato de diferentes sociedades e comunidades pelo mundo compartilharem semelhanças impressionantes, mesmo com todas as diferenças culturais implícitas. Ele entendeu que isso se devia a uma experiência maior do que algo fruto da individualidade, para a qual Freud havia dado total importância. Jung teorizou que haveria uma psique humana, maior que cada indivíduo, em uma estrutura atemporal e que agiria como se fosse uma "memória coletiva". Então, introduziu o conceito de que haveria, dentro de cada um de nós, uma parte independente do inconsciente individual, não apoiada em nenhuma de nossas experiências individuais, a qual ele intitulou *inconsciente coletivo*.

> **Importante!**
> De acordo com a teoria junguiana, a meta final de toda e qualquer pessoa é a autorrealização e o autoconhecimento. Atingir o estado de autorrealização depende em grande parte da cooperação do ego, pois é necessário que este observe e valorize as mensagens vindas do arquétipo do si mesmo. A compreensão entre esse par de opostos (consciente e inconsciente) é fundamental para processar o efeito de individuação da personalidade (Jung, 2011).

Essas e muitas outras teorias nos ensinam sobre o comportamento humano e como podemos entender as diferenças existentes entre as pessoas, seus comportamentos, suas reações sob estresse e as formas de lidar com os desafios da vida. Tudo isso forma um grande arcabouço de conteúdo que devemos trazer conosco quando estamos frente a frente com um ser humano na intenção de ajudá-lo.

1.2 Primeiras práticas no Brasil

Apesar de termos buscado literatura específica para esta seção deste capítulo, não encontramos nada consistente o suficiente para mencionarmos aqui. Para não dizer que nada encontramos, há alguns poucos relatos de um início por volta da década de 1970, após o coaching ter feito sucesso no Canadá. Nessa época, há menção sobre alguns profissionais trabalhando essa metodologia no país. No Brasil, ela também se difundiu a partir da prática esportiva. Times esportivos passaram a considerar coaches para treinar e desenvolver as equipes, repetindo o sucesso que a prática já havia atingido no exterior.

> Em razão da pouca literatura encontrada e por ter vivido uma experiência própria muito rica, decidi contar minha própria história e experiência com essa prática, pois tenho certeza de que ela trará informações importantes sobre o assunto. Por volta de 1995, eu atuava em minha própria empresa de consultoria com mais uma sócia, Adriana Fellipelli. Foi ela que, com que seu perfil inovador e de tomada de risco, decidiu fazer uma viagem aos Estados Unidos para pesquisar sobre instrumentos de avaliação de perfil pessoal. Nós duas, psicólogas, sabíamos que os instrumentos que havíamos estudado em nossa formação seriam substituídos por algo mais moderno. Nessa viagem, com a ajuda de um amigo local, ela chegou até o MBTI (Myers Briggs Type Indicator). Ao voltar ao Brasil, decidimos assumir a representação desse instrumento no país. Por volta dessa mesma época, as primeiras práticas do coaching estavam acontecendo pelo menos nos Estados Unidos e, provavelmente, na Europa. Decidimos, então, abrir uma divisão de nossa empresa denominada Coaching – Psicologia Estratégica. Nessa época, por pura intuição e amor à nossa psicologia, percebíamos que havia algo nessa ciência comportamental que poderia ser utilizado a serviço do mundo corporativo. Não sei se você, leitor, consegue imaginar a dificuldade que tivemos ao apresentar nosso programa de coaching aos primeiros clientes. A reação de muitos deles era algo como: "Isso é terapia disfarçada!" ou "Não vou assumir os custos de uma terapia individual para meu funcionário". Foi um grande trabalho de formiguinha apresentar, convencer e vender esse tipo de processo.
>
> Somente próximo ao ano 2000 que o mercado brasileiro, influenciado pelas tendências americanas e europeias, começou a aceitar, abraçar e praticar o coaching. Não quero com esse relato supor que fomos nós as precursoras da iniciativa, mas fizemos parte do início dessa história.

Desde esse início, começamos a perceber que vários profissionais passaram a se intitular *coaches* e, infelizmente, até hoje essa é uma luta difícil, pois a prática não é regulamentada como profissão e, por isso, não tem regras e princípios básicos disciplinados. Voltaremos a esse tema mais adiante.

1.3 Evolução

Por volta do ano 2000, a história do coaching evoluiu de maneira forte. Nessa época, já haviam surgido as grandes escolas de coaching, que se dedicavam ao treinamento e à capacitação de profissionais dentro das organizações.

O coaching passou a ser uma ferramenta considerada pelos profissionais de Recursos Humanos e pelas corporações. Foi por volta dessa época que outras vertentes da prática surgiram e, de alguma forma, perduram até hoje; vertentes essas que direcionam o coaching para a vida, para a família, para as crianças, para a espiritualidade etc. Não nos cabe aqui julgarmos cada uma dessas vertentes, até porque elas não fazem parte do conteúdo desta obra, mas também não podemos deixar de nos posicionar e dizer o quanto elas nos preocupam.

Há profissionais de todas as formações se capacitando como coach, em cursos rápidos de três ou quatro dias. Devemos confessar que isso, por vezes, é apavorante. Como dissemos antes, estar com alguém, em uma sala fechada, com o propósito de ajudar requer um estudo aprofundado sobre o ser humano, sobre comportamento, sobre conceitos que podem faltar a profissionais de outras áreas. Também não estamos afirmando que eles não possam ajudar outras pessoas, mas sim que precisam ter a consciência dessa responsabilidade. Quantas coisas são faladas em uma sessão que podem mudar o direcionamento da vida de alguém? Quantas afirmações podem ser ditas a uma pessoa, em um momento de fragilização, que a farão seguir conselhos e ideias sem muita reflexão. É importante trazermos essa consciência a todos os coaches. Esse trabalho tem enorme influência nas pessoas e temos de nos responsabilizar por aquilo que falamos ou que instigamos o outro a pensar.

Apenas para deixar registrado, existem sim formações consistentes e boas no Brasil, reconhecidas e valorizadas. Mas é preciso coragem para entender que é necessário algo robusto para praticar o coaching, é preciso vontade de aprender, disciplina, estudo e prática, que poucos dias de curso não podem substituir.

1.4 Dias de hoje

Nos dias de hoje, há inúmeros processos de treinamento, desenvolvimento e preparação de profissionais e líderes para exercerem melhor suas atividades, buscando sempre uma melhor *performance*. A educação formal tem conseguido ser ofertada para um número maior de pessoas, o que eleva o nível técnico dos colaboradores das empresas. No entanto, isso não é suficiente para encarar os desafios atuais. Esse ferramental todo, disponibilizado geralmente pela área de Recursos Humanos das empresas, é imprescindível. O coaching entra como uma ferramenta nessa linha de capacitação e de melhoria do comportamento humano. Ele difere dos processos terapêuticos e das mentorias por linhas muito tênues, as quais explicaremos adiante.

1.4.1 O coaching

O coaching é um processo de aconselhamento e discussão que visa trazer à consciência da pessoa as causas de alguns de seus comportamentos, envolvendo sua autopercepção, bem a percepção que outras pessoas têm dela. Com isso em mãos, ela pode traçar um plano de ação para um momento específico e para as exigências daquela situação e, assim, melhorar sua *performance* geral. O foco desse processo é o presente e o futuro. É importante ressaltar que o processo também deve levar em consideração as questões corporativas, ou seja, o contexto em que aquela pessoa está inserida, com quem está lidando, com quem tem de se relacionar e criar alianças, bem como sua área funcional e seu futuro de carreira. Entendemos que o coaching é um programa pontual, para resolver algo pontual. É um processo objetivo e dinâmico, e os coachees atingem graus muito diferentes de evolução, dependendo da maturidade, do grau de autoconhecimento, do grau de envolvimento no processo e das expectativas. Infelizmente, ainda não há, nessa área, pesquisas científicas relevantes e consistentes para compreendermos a efetividade, a evolução e a real contribuição do coaching à organização. O que reunimos são os *feedbacks* colhidos dos coachees e das corporações e a evolução concreta e real que percebemos em cada pessoa.

1.4.2 A terapia

A terapia está intimamente ligada à psicologia. Entre todos os campos da ciência, a psicologia parece ser um dos mais misteriosos para o público leigo e que mais pode gerar dúvidas e falta de compreensão.

Psicologia vem do grego antigo, da união de *psyche*, que significa "alma" ou "mente", com *lógica, estudo* ou *relato*, o que dá ideia da ampla gama de questões estudadas pelos psicólogos. A psicologia evoluiu da filosofia, mas foi apenas no século XIX que ela se consolidou como uma disciplina científica independente. A partir daí foram surgindo as diversas correntes da psicologia, cada uma com a própria base de ciência e crença (Shultz; Schultz, 1969).

Vale ressaltar aqui que terapia é uma prática completamente diferente do coaching. A terapia está, na maioria das correntes, ligada ao passado do indivíduo e à busca dos fatos geradores que originaram as angústias e as ansiedades do presente. Elas variam na forma, na duração e no *approach*, mas geralmente lidam com assuntos de uma forma holística na vida da pessoa, ou seja, vida pessoal, profissional, amorosa, familiar etc. Coaching não é um processo terapêutico e não deve ser encarado como tal.

1.4.3 A mentoria

Os processos de mentoria são definidos de várias maneiras, e cada profissional também acaba por escolher aquela com a qual se identifica mais. Ao nosso ver, a mentoria é um processo que acontece entre um mentor e um mentorado, em que o foco está em atingir objetivos concretos e tangíveis, e o mentor tende a dar conselhos práticos de como ele próprio realizou essa jornada. Normalmente, o mentor é alguém que, de preferência, conheça o setor de atuação do mentorado e, se possível, também sua área funcional. Ele, em geral, é escolhido entre profissionais experientes que ainda atuam em uma organização ou que estejam atuando no mercado, mas de alguma forma conhecem e têm intimidade com aquela situação específica. O alvo aqui é contribuir para que o mentorado acelere seu caminho e consiga enfrentar os desafios de forma mais bem preparada. A relação entre o mentor e o mentorado, na maioria das práticas, tende a ser um pouco mais informal do que a de um coach ou de um terapeuta.

Suas conversas podem abordar temas comportamentais, mas também estão muito focadas em experiências práticas do mentor, em conversas estratégicas sobre aquele negócio e em um plano para atingir objetivos de curto prazo. A fala comumente mais utilizada é: "Quando eu passei por isso...minha decisão foi...".

1.5 Recomendações

Neste primeiro capítulo introdutório, nosso objetivo foi dar uma visão geral sobre a origem dos processos de coaching, como cresceram no país, algumas características gerais e diferenças em relação a outras ferramentas.

Acreditamos que este livro pode ser lido por profissionais em diferentes estágios, pois ele reúne reflexões, dicas e contribuições para as várias fases de atuação dos coaches. Contudo, este primeiro recado tem o intuito de conscientizar aqueles que acordam todos os dias com a intenção de contribuir e ajudar outras pessoas. A prática do coaching é algo muito sério e de relevância gigantesca, por isso é necessário que seja encarada com seriedade e sensatez. Como tudo na vida, quanto mais se treina, melhor ficamos. Nesse caso, não basta treinar, é preciso estudar, ler, trocar com outras pessoas. Um professor da minha faculdade de psicologia costumava dizer o quanto essa ciência é complexa, pois não podemos ver um cérebro funcionando e provocando comportamentos em uma pessoa ao abri-lo, como podemos fazer com outros órgãos do corpo. A única possibilidade que temos é observar, e todos esses estudiosos que citamos fizeram isso, ano após ano, com um número enorme de pessoas.

Outra coisa que também aprendemos na jornada profissional, foi que não existe, no mundo todo, um ser humano igual ao outro em termos de psique e de comportamento. Mesmo gêmeos idênticos são únicos. Dessa forma, perceba a responsabilidade do coach! Diante de alguém que é único, só nos resta admitir que temos tudo a aprender, observar sem julgar, tentar compreender a lógica que rege aquele ser único. Acima de tudo, temos de ser humildes. Coaches que olham para si mesmos como donos da verdade um dia entenderão o que aqui estamos escrevendo.

Muitas vezes, por mais que se pense que uma pessoa reagirá de determinado modo, ela surpreende o outro com um modo totalmente diferente. Quando o profissional imagina que está chegando perto de alguma solução, as pessoas escolhem caminhos diferentes sem uma lógica compreensível. Quando alguém acha que evoluiu muito, as pessoas a abandonam e, muitas vezes, quando não se espera mais nada de alguém, esse alguém surpreende a todos com algo totalmente inusitado. Isso é trabalhar com pessoas, isso é se dedicar a compreender o ser humano.

Respeitar a si mesmo como profissional também é necessário. Os valores, as crenças, praticar aquilo em que acredita fazem toda a diferença para o profissional. Além disso, nunca vi um profissional dessa área ser bem sucedido colocando o interesse monetário antes das pessoas. O ganho do coach é consequência de algo, e não o objetivo final. Escolher essa profissão por dinheiro é total perda de tempo e, nesse caso, em algum momento, os coachees abandonarão o coach, pois não sentirão que o coração dele está ali junto de suas palavras. Isso não quer dizer que não se pode ter ganhos, mas eles chegam quase que automaticamente, no momento certo e na hora apropriada.. Gente é gente, gente é sinônimo de ser único, gente quer amar e ser amado, reconhecer e ser reconhecido, crescer, ter família e ser feliz. Simples assim, mas, ao mesmo tempo, imensamente complicado.

Cada pessoa deve escolher com consciência o que deseja ser, ouvir o coração e trabalhar!! Todo o resto acontecerá por si só.

2 O coach

Neste capítulo, nosso intuito é contribuir com a reflexão dos profissionais que querem dedicar-se ao exercício do coaching. Vale lembrar que não temos informações detalhadas, principalmente no Brasil, mas no mundo também, sobre exatamente quantos profissionais exercem algum tipo de atividade profissional relacionada à orientação de outros profissionais, ou quem são eles, onde atuam ou quanto cobram. Justamente em razão da falta de regulamentação profissional, os dados são incompletos e imprecisos. O que vamos apresentar neste capítulo advém de conhecimento pessoal e de pesquisas feitas em fontes diversas.

2.1 O perfil do coach

Como destacamos, não há registros confiáveis de quem atua como coach na atualidade. Não há uma comunidade que identifique, una ou defenda os interesses dos coaches. Esses profissionais são formados nas mais diversas graduações, como psicologia, pedagogia, engenharia, advocacia, administração etc. Isso torna muito difícil a garantia da prática e a verificação de qualidade e da conduta ética. Não queremos dizer com isso que todos esses inúmeros profissionais tenham de passar por testes de avaliação ou que estejam infringindo leis de conduta e ética, mas estamos afirmando que, infelizmente, essa prática não é atualmente monitorada pelos órgãos competentes, até porque não há um órgão estabelecido ou definido como regulador dessa profissão. Também não podemos negar que isso vem preocupando muitas pessoas que já ouviram histórias e casos de atendimentos por profissionais que se intitulam "coaches" e que, de alguma forma, empreenderam uma conduta que gerou dúvida ou interrogações. A prática de uma atividade assim é coisa seríssima, antes de tudo porque lida com questões emocionais e mentais dos coachees e que podem causar um impacto enorme em suas vidas e ensejar escolhas e tomada de decisões tanto positivas quanto negativas.

Uma recomendação é que os profissionais que hoje praticam e os que pensam em um dia praticar essa atividade possam refletir sobre sua formação, questionar-se o quanto estão preparados para lidar com as dúvidas e as angústias de outras pessoas e o quanto de preparo técnico já adquiriram para isso. Apesar da atividade de aconselhamento parecer simples, ela é repleta de detalhes e técnicas, envolve a percepção de si mesmo e do outro, além da dedicação aos estudos e práticas constantes. Nenhuma profissão deve ser exercida sem que o profissional tenha as qualificações, as habilidades e as competências para realizá-la. Com o coaching, isso não é diferente.

2.2 Competências e habilidades do coach

Imagine um piloto de Fórmula 1. Para que ele realize uma corrida e, com isso, seja competitivo em sua profissão, necessita de um carro que ele conheça muito bem. Piloto e carro, muitas vezes, tornam-se quase um só. O piloto sabe exatamente como seu carro reage ao menor movimento, sabe o quanto antes tem de brecar diante de uma curva para ser efetivo, sabe, mais do que ninguém, o quanto aquela máquina pode ser acelerada até chegar ao seu máximo. O carro é a ferramenta que pode levar aquele piloto ao sucesso ou ao fracasso naquilo que ele faz.

O instrumento que um coach utiliza para ter sucesso é ele mesmo. Quando dizemos "ele mesmo", estamos nos referindo a tudo que compõe aquela pessoa, sua visão de mundo, suas atitudes em relação a outras pessoas, suas crenças sobre o comportamento humano, sua capacidade de aceitar o outro, seu modo de pensar, seus valores e suas idiossincrasias. Em resumo, o que o define como o ser humano que é.

É impossível imaginar esse profissional sem entender como ele próprio funciona, pois é isso que determina a maneira como ele se relaciona com seus coachees.

As competências do coach, em nossa visão, necessárias para a execução desse trabalho podem ser divididas em quatro grandes grupos: (1) impacto interpessoal; (2) comunicação; (3) foco na ação e nos resultados; (4) administração da transição. As subdivisões de cada grupo estão indicadas a seguir.

1. Impacto interpessoal:
   - primeira conexão;
   - credibilidade;
   - geração de confiança;
   - construção de relacionamento.
2. Comunicação:
   - efetividade na comunicação;
   - escuta ativa;
   - capacidade de questionar e provocar reflexões;
   - valorização das diferenças.
3. Foco na ação e nos resultados:
   - percepção das implicações práticas;
   - valorização da implementação;
   - entendimento da necessidade de *performance*;
   - conhecimento dos ambientes corporativos.
4. Administração da transição:
   - concepção do coaching como pontual e finito;
   - capacidade de dar *feedbacks* honestos aos coachees.

Vamos explorar um pouco cada um desses atributos.

O **impacto interpessoal** é a forma como uma pessoa percebe o coach no primeiro momento que o conhece. Diz respeito ao quanto o profissional se coloca em sintonia com o outro ser humano, o quanto consegue causar uma primeira impressão que fortalece a vontade daquela pessoa de seguir convivendo com o coach. Apesar de essa característica ser algo inato a muitas pessoas, acreditamos que seja possível adquiri-la à medida que o profissional se coloca à disposição do outro, quando, de fato e de coração, quer ajudar e contribuir com outra pessoa. Esse atributo vem de dentro para fora e precisa ser importante para o coach, de modo que cresça dentro dele esse desejo genuíno de participar da vida alheia.

Nesse grupo, a **primeira conexão** é a intensidade relacionada a como cada um consegue conectar-se com outras pessoas, mesmo que sejam diferentes. A **credibilidade** refere-se ao quanto a pessoa consegue transmitir de confiabilidade, segurança técnica e prática naquilo que está propondo como serviço. A **geração de confiança** é a capacidade que a pessoa tem de propiciar no outro tranquilidade e segurança de que o processo dará certo, de que o ajudará a progredir, a melhorar e a crescer pessoal e profissionalmente. Por sua vez, a **construção de relacionamento** é a efetividade na manutenção desse relacionamento ao longo do tempo, de exercer a conexão além do primeiro impacto.

O segundo grupo de competências do coach, a **comunicação**, refere-se à habilidade de cada indivíduo de se comunicar com outra pessoa. A maneira de falar, o tom de voz, a tranquilidade expressada, a capacidade de não julgar ou criticar inadequadamente, ou seja, a forma como o outro consegue compreender o que se está querendo dizer. Sem isso é muito difícil exercer algo parecido com o que chamamos de *coaching*. Essa atividade requer a transmissão de mensagens por meio da fala.

Nesse grupo, a **efetividade na comunicação** refere-se a quanto o profissional é realmente efetivo em suas mensagens. Ele consegue se fazer compreender? É claro e explícito? Já a **escuta ativa** é a capacidade de ouvir o outro atenta, interessada e genuinamente, aceitando o conteúdo da fala sem julgamento prévio de valor. A **capacidade de questionar e provocar reflexões** é a forma, talvez mais importante, nesse trabalho de transformar o que o outro está dizendo em algo sobre o qual ele possa pensar, refletir e compreender. Exige muita habilidade analítica, capacidade de pensar simultaneamente sobre várias coisas, juntar pedaços e devolver ao coachee algo significativo. A **valorização das diferenças** é a verdadeira capacidade de ressaltar as diferenças, de ver beleza em cada pessoa, de não ter protótipos humanos dentro de si e de compreender que não existe, no mundo todo, nenhum ser humano igual ao outro. Cada um tem seu valor, seu papel na sociedade, no mundo, suas crenças e sua maneira de se expressar.

O terceiro grupo, **foco na ação e resultados**, em nossa opinião, é uma das grandes diferenças entre os processos de coaching e os processos terapêuticos. Não que a terapia não tenha foco em resultado, mas talvez o tangencie, ou seja, a terapia produz resultados como consequência, mas não os discute diretamente ou os coloca como alvo durante o tratamento. O processo de coaching, diferentemente disso, muitas vezes é construído para se atingir um resultado pontual. Isso é feito por meio de um plano de ação, que deve ser claro e seguido pelo coachee com o acompanhamento de seu coach. Quando isso não acontece, o processo pode tornar-se conversas de desabafo, bate-papos, ou seja, conversas em que não são claros os objetivos ali desejados. A responsabilidade do coach aqui é imensa, de não deixar seu coachee sair do trilho e, de alguma forma, monitorar a si próprio, justamente para não deixar que as sessões virem conversas sem objetivos.

Nesse grupo, a **percepção das implicações práticas** é a capacidade do coach de compreender as emoções, os sentimentos e as razões de seu coachee e inseri-lo no contexto em que o processo está sendo realizado. Apenas trazer à consciência das pessoas o que estão sentindo, dificilmente as fará mudar de comportamento, até porque elas podem não saber quais comportamentos têm de ser alterados.

A **valorização da implementação** refere-se ao fato de que, além de compreender e definir as implicações práticas, um coach tem de valorizar e guiar seu coachee na implementação dessas ações. Por isso, em nosso ver, o contexto é absolutamente crítico de ser compreendido pelo coach. O profissional está trabalhando os comportamentos humanos de alguém em determinado contexto, em tempo e espaço definidos. Mudou-se contexto, tempo ou espaço, manteve-se o coachee, a abordagem certamente deveria ser alterada e adaptada.

Ainda no terceiro grupo, o **entendimento da necessidade de *performance*** é muito importante para o sucesso de um trabalho de coaching, sendo necessário que ambos, coach e coachee, compreendam o que necessita ser alterado, ou seja, que tipo de melhoria de *performance* está sendo buscada. Uma empresa não patrocina um projeto de coaching se não compreender os benefícios possíveis para ambos os lados, para a pessoa e para a organização. Acreditamos nos processos de coaching contratados por pessoas físicas, porém o levantamento de contexto parece ser muito mais fácil nos coachings contratados pelas organizações. Os processos contratados por pessoas físicas, quando a organização não está envolvida, correm o risco de se tornarem mais processos de aconselhamento, em cima da autopercepção de um indivíduo, do que um processo que leve em consideração a forma como esse indivíduo está sendo percebido por outras pessoas. Entender *performance* exige experiência do coach, exige capacidade de entender as navegações pelas políticas corporativas, exige a compreensão de que tipo de resultado é mais valorizado nas diferenças culturais existentes nas organizações, inclusive para que o coach possa manter diálogos profundos com seu coachee, com o chefe dessa pessoa e com a área de Recursos Humanos das organizações. Quando a *performance* não é bem decupada no processo, corre-se o risco de que algo seja melhorado, mas algo que esteja distante daquilo que é visto como melhoria de *performance*.

Ainda na mesma linha de pensamento, o **conhecimento de ambientes corporativos** é fundamental para a prática do coaching. Esse conhecimento pode vir da própria atuação no mundo organizacional, do atendimento de inúmeros profissionais, da prática de lidar com executivos ou de uma combinação de todas essas variáveis. O que ressaltamos aqui é que não se forma um coach somente no estudo teórico, é importante a prática, estar com os coachees, vivenciar um atendimento. Por isso, como a maioria das profissões ligadas à psicologia ou a áreas de saúde, como médicos, dentistas etc., o início não é fácil. Não que outros inícios o sejam, mas não se abre um escritório para atendimento de coaching e se tem esse escritório cheio de coachees no dia seguinte. Essa é uma profissão em que o coach evolui devagar, gerando *cases* de sucesso, sendo recomendado e, por meio desse seu *networking*, vai criando rede de contatos e aumentando sua demanda. Consultoria é uma profissão maravilhosa, pois quanto mais a pessoa pratica e quanto mais experiente ela é, mais será reconhecida. É uma profissão, na maioria dos casos, em que dificilmente o profissional será criticado por ter cabelos brancos – apesar de cabelos brancos não serem garantia de nada, nem de tempo de experiência nem de chance de sucesso; mas que causam um primeiro impacto favorável, eles causam.

O último bloco de habilidades, **administrar a transição**, é, em nossa opinião, um dos mais importantes, pois lida com a capacidade do coach de finalizar um processo que chegou ao final. Coaching, diferentemente da mentoria, é um processo com começo, meio e fim. A mentoria, muitas vezes, pode ser estendida, acompanhada por um tempo mais longo. O coaching não deve ser assim.

A **concepção do coaching como pontual e finito** refere-se ao fato de que, após desenhar o plano de ação e acompanhar a pessoa nessa execução por algum tempo, o coach deve encerrar o processo, caso contrário, esse processo cairá no descrédito. Estender o processo na intenção de buscar resultados mais significativos ou em virtude da dificuldade de se desligar do coachee, seja pelo motivo que for, não trará benefícios nem para um lado nem para o outro. Ao contrário, o processo acabará sendo encerrado de uma maneira inadequada ou abrupta, em que o coachee pode simplesmente desaparecer ou a empresa não querer mais remunerar o coach. Nossa crença aqui é tão forte que defendemos quase que um ditado: "Quem encerra o coaching é o coach", ou seja, o processo é do coach, ele o inicia, ele o conduz, ele o encerra. Deixar isso na mão do outro é certeza de frustração ou a criação de algo que deixa de ser coaching e torna-se mais um bate-papo entre duas pessoas que se gostam ou se admiram. O coach não pode cair nessa armadilha. Deve ter consciência e estar sempre no controle da situação.

Ainda faz parte dessa finalização a **capacidade de dar *feedbacks* honestos ao coachee**. Poder dizer a essa pessoa o que de verdade observou de transformação nela é algo fundamental. O coach não deve sentir-se 100% responsável nem pelas conquistas nem pelas falhas. Esse é um processo complexo, de transformação humana e que pode progredir absolutamente bem, apenas bem, mal ou totalmente mal. Claro que o coach tem parte nisso, mas não é algo absolutamente ligado a ele. Muitas vezes, o contexto muda, o coachee muda, a situação muda e até o coach muda. Mas, independentemente do resultado, a verdade deve ser falada. O profissional deve dizer o que sentiu, como sentiu e por que sentiu. Mesmo que o coachee não reflita no momento, ele certamente refletirá em algum momento.

> Em todos os processos que já conduzi, sempre levei algo de meus coachees, e eles, com certeza, levaram algo de mim. Alguns provavelmente nunca se esqueceram do processo, alguns se quer se lembram, eu me esqueci de alguns deles, mas certamente de muitos eu jamais esquecerei.

O profissional pode acreditar que, porque está prestando um serviço, deve mais ensinar do que aprender, mas geralmente ele aprende muito mais do que ensina. Trabalhar com pessoas é imprevisível: o coach espera alguém totalmente comprometido e, no meio do caminho, percebe um total descompromisso, ou espera alguém totalmente descompromissado e, de repente, percebe alguém tão dedicado e engajado que se surpreende. Aliás, surpreender-se é algo constante nessa profissão. Notar o afeto por trás de grandes executivos é algo absurdamente surpreendente. Compreender o quanto o ser humano é carente quase que de coisas semelhantes, como atenção, carinho e reconhecimento, é uma descoberta comum nesse trabalho. O coach deve ser generoso, genuíno, ser ele mesmo. Deve falar a verdade, ser profissional e ético. Todas essas coisas só dependem dele.

2.3 O perfil pessoal do coach

Não é fácil pensar sobre um perfil pessoal adequado para exercer essa profissão, mas podemos pensar em algumas características que devem estar presentes no coach, são elas:

- escuta ativa;
- interesse pelo ser humano;
- capacidade analítica-estratégica;
- disciplina e foco;
- autoestima e resiliência;
- paciência;
- generosidade.

Alguns desses atributos já comentamos na seção anterior, mas é importante destrinchar melhor cada um deles. Contudo, essa lista não abarca todas as características, também não quer dizer que, se a pessoa tiver todas elas, será um excelente coach, ou que, no caso de faltar alguma, ela irá falhar. Devemos lembrar que o ser humano não é estudado por uma ciência exata e, dessa forma, as equações podem ser diferentes e levar a resultados semelhantes. Apenas listamos as características que, em nossa opinião, ajudam a ter mais sucesso no trabalho de coach e diminuem o risco de realizar um trabalho não satisfatório.

2.3.1 Escuta ativa

A maior parte do tempo de uma sessão de coaching é preenchida com a fala do coachee. Um coach que interrompe seu cliente, não o deixa concluir ou é ansioso para colocar suas ideias pode deixar de obter informação valiosíssimas para o trabalho. Esse é um trabalho focado na pessoa do outro e requer escuta ativa e reflexões profundas sobre o que está sendo dito. Escutar ativamente é escutar com todo o corpo, não apenas com os ouvidos. Ao praticar a escuta ativa é útil que o coach lembre dos trabalhos de psicólogo americano Carl Rogers, que faz uma abordagem centrada na pessoa, instigando a mostrar considerações positivas sobre a outra pessoa, bem como a ser genuíno, congruente e aberto ao que o outro está dizendo. Significa, ainda, estar ciente dos próprios vieses em potencial, justamente para poder administrá-los. Além disso, o coach deve verificar se está compreendendo de forma objetiva e centrada a mensagem do outro, em vez de filtrar essas informações por meio das próprias lentes. Dessa forma, a escuta ativa implica: estar presente, totalmente focado no cliente; deixar de lado pensamentos que estão fora do contexto da sessão; ouvir com os olhos a linguagem corporal, o tom da voz, as hesitações, as atitudes. Ouvir até o que não está sendo dito.

A escuta ativa também é percebida e sentida pelos coachees. Por isso, o coach deve: mostrar que está ouvindo; sorrir; assentar com a cabeça; cuidar de sua postura corporal; tentar não interromper a pessoa, principalmente durante um raciocínio não concluído; ser autêntico nas colocações; e anotar tudo. Isso demonstra interesse pelo outro.

2.3.2 Interesse pelo ser humano

O interesse pelo ser humano é uma das habilidades e características mais difíceis de ser adquirida caso ela não seja inata à pessoa. Está relacionada com o interesse genuíno pela história da outra pessoa. Escutá-la sem julgamentos prévios, sem compará-la com a história pessoal ou com a de outros clientes, é não rir de situações difíceis, é ter empatia pelo outro e, acima de tudo, é guardar segredo, ou seja, não comentar o que é ouvido, não falar nomes de pessoas ou empresas, é não se colocar no lugar de alguém que detém informações confidenciais, é controlar o próprio ego.

2.3.3 Capacidade analítica-estratégica

A capacidade analítica-estratégica é algo que qualquer coach tem de saber fazer. Significa a capacidade de, rapidamente, ler os cenários, entender o que o coachee está trazendo de informação, como isso se combina com as outras coisas já ouvidas e com o objetivo no coaching, colocar tudo isso em uma "panela", mexer rapidamente e devolver à pessoa uma reflexão, uma ideia, uma conclusão ou um pensamento. Isso requer a capacidade de lidar com várias coisas ao mesmo tempo, de processar informações rapidamente, de lembrar de encaixá-las na situação em que o coachee se encontra, de processá-las e de saber exatamente o que falar. Há muitos anos, um professor de psicanálise, Dr. Roberto Azevedo, um dos maiores e mais famosos psicanalistas de São Paulo com quem tive o privilégio de estudar em grupos de estudo por quase cinco anos, dizia que não basta você saber o que está acontecendo com a outra pessoa e que, mesmo com toda a certeza do mundo, se você falar esse conteúdo em hora errada ou da forma errada, ele tem muitas chances de ser negado. Isso significa que tudo tem sua hora de ser falado e, consequentemente, ouvido. É necessária calma. Caso o coach sinta que aquela pessoa não está preparada para ouvir determinada reflexão ou conclusão, devem ser feitas anotações, guardadas para outro momento. Esse momento vai chegar.

2.3.4 Disciplina e foco

Sem disciplina e sem foco, é muito mais complicado executar a maioria dos trabalhos. O coach deve ter e ser a disciplina que o coachee precisa. Caso seja necessário, o coach deve focar para o coachee. O profissional não pode deixar-se envolver pelo estilo de determinados coachees que podem ser mais confusos ou com um pensamento menos sequencial. O coach deve colocar os coachees novamente nos trilhos, fazê-los refletir e não desistir. Uma das coisas que ajuda muito aqui são as assistentes. Caso o coach não tenha uma, terá de exercer esse papel de controle de agenda, de dados, de tarefas. Caso ele tenha ajuda de alguém, precisa treinar essa pessoa, ensiná-la a organizar, a falar com os coachees, a explicar o que é o coaching, e a falar sobre confidencialidade. As pessoas não nascem sabendo o que o coach precisa que elas façam.

Outro aspecto trata-se do arquivo de dados. Cada profissional tende a se organizar de uma maneira específica.

> Como sou psicóloga e gosto de escrever, tenho por costume anotar tudo o que acontece em uma sessão. O que planejamos fazer, o que fizemos, o que meu coachee falou e o que eu disse. Pode parecer muito, mas acredite, quando o coach tem um volume grande de pessoas em coaching, ele confunde as informações. O coachee tem apenas a sessão anterior para lembrar; o coach tem todas as que realizou. Anoto minhas reflexões, anoto o que pensei, realmente tudo. Antes da sessão seguinte eu releio minhas anotações, penso sobre elas e reviso com a pessoa no início dos trabalhos. Isso ajuda muito.

Passar a imagem de um coach atrapalhado é ruim, gera insegurança, medo, receio de que se está esquecendo parte do que foi falado. Isso é péssimo para a relação de confiança. Adiante falaremos sobre código de conduta (do psicólogo), mas, apenas como dica, é importante que o coach guarde suas anotações. Antigamente, esses dados eram guardados por, no mínimo, cinco anos; hoje em dia, é comum escanear esses dados e guardar de forma eletrônica. É essencial ter em mente que o coachee pode voltar um dia para algum outro trabalho e ficará muito feliz se o coach puder demonstrar o cuidado que teve com os dados e o quanto se lembra do que conversaram.

2.3.5 Autoestima e resiliência

Autoestima e resiliência – pensamos com cuidado em como abordar algo tão fundamental como esses dois temas. Todos os coaches precisam analisar o próprio processo de autoestima. Quando o coach não é seguro do que é e do que sabe, transmite isso aos outros, prejudicando a relação profissional que tem de ser estabelecida. Ele deve olhar para si, anotar suas conquistas, ver seu progresso e lembrar-se de que se disponibilizar a ouvir o outro é algo relevante. Com o tempo, com mais estudos e com mais prática, a segurança melhora. Resiliência, nessa profissão, significa a possibilidade de esperar o momento do outro, de aguardar a melhor hora, de ter compreensão. Resiliência aqui também significa se autoadministrar e não mostrar angústias nem ansiedades pessoais, deixando esses sentimentos fora das sessões.

2.3.6 Paciência

A paciência vem para completar o item anterior. É uma virtude do ser humano que se baseia na capacidade de exercer controle emocional sobre si mesmo, tornando-se aquela pessoa resistente a situações desagradáveis ou ao incômodo de sentir-se, de alguma forma, que não pode se expressar em determinado momento. A paciência baseia-se na tolerância com o outro, mas, no nosso caso, em uma tolerância consciente de que o outro talvez não tenha chegado ao mesmo ponto que o coach. Significa o coach lidar bem com quem é diferente dele, com quem pensa e se comporta de forma diferente, sem criar expectativas de que essa pessoa tem de reagir como ele reagiria. É aceitar o outro e trabalhar com o que o outro é nesse momento. É respirar fundo e se recompor emocionalmente, mesmo quando desafiado na paciência.

2.3.7 Generosidade

É difícil descrever ou explicar generosidade, não é mesmo? Difícil e, ao mesmo tempo, fácil quando a pessoa sente a generosidade de alguém para com ela. Segundo os dicionários, a generosidade é uma virtude daquele que sacrifica os próprios interesses em benefício de alguém, ou daquele que compartilha por bondade, que não espera nada em troca. Uma das concepções mais interessantes define a generosidade como o ato pelo qual alguém divide algo com o outro, sem se importar se tem o suficiente para fazê-lo. Não é possível alguém exercer qualquer atividade ligada ao apoio a outro ser humano sem, de alguma forma, ser generoso. Generoso quando ouve, quando não julga, quando tenta compreender, quando não critica. Generoso quando precisa cobrar menos para viabilizar o atendimento de um cliente, ou quando não pode cobrar nada simplesmente por alguém precisar. Não estamos aqui dizendo que o trabalho do coach não valha o suficiente, ou que não tenha de ser cobrado, mas sim que é necessário saber discernir, poder estabelecer-se bem para poder ajudar quem não pode pagar em algum momento. Acreditem, isso faz muito bem. Faça seu papel na sociedade, no universo, e o universo conspirará a seu favor (seja "universo" o que cada um acredita em sua própria crença pessoal).

2.4 Autoconhecimento e equilíbrio emocional

Vamos, agora, abordar algo fundamental a qualquer coach, ou seja, o quanto se decide mergulhar em si mesmo e descobrir a esse respeito.

2.4.1 Autopercepção

Para falar de autoconhecimento, um assunto para lá de vasto e complexo, decidimos iniciar com o conceito de autopercepção (*self-insight*). Existem muitos estudos que mostram a correlação entre a autopercepção e o sucesso em diferentes atividades e profissões. Além disso, a maioria das pessoas que trabalha com líderes conhece a relação quase indiscutível de sucesso entre se perceber e poder ser mais efetivo como líder. Sem isso, a pessoa fica cega em relação ao impacto que causa nas outras pessoas, ou mesmo torna difícil aprender com as experiências pelas quais passa, pois não reflete, não pensa e não conclui nada sobre elas.

Quando olhamos de maneira mais atenta para a definição de autopercepção, ela pode tornar-se muito mais nebulosa do que imaginamos. Podemos começar refletindo sobre o fato de que não há, em português, uma tradução para essa palavra tão rica que é *insights*. Utilizada com enorme frequência por coaches, psicólogos e até leigos, *insight* é considerado já o que chamamos na língua portuguesa de um *estrangeirismo*, que significa que uma palavra estrangeira foi introduzida na língua portuguesa da forma como originariamente ela é, justamente por não ser possível traduzir de modo adequado o que ela significa. Quando procuramos o significado dela, há algumas menções sobre "uma clareza súbita da mente" ou "um estalo mental" ou, ainda, a compreensão repentina, em geral intuitiva, das próprias atitudes e dos próprios comportamentos, de um problema, de uma situação.

Dessa forma, o *insight* é quase uma qualidade ou uma afirmação de que alguém compreendeu algo, ou que tem consciência de alguma coisa. O importante aqui é notar que ter um *insight* sobre si mesmo não é um fato isolado, mas sim um processo ativo e algo que deve e tem de ser cultivado continuamente. Como não nos tornamos ainda

Buddha e, consequentemente, não atingimos um estágio de iluminação perene, nós, seres humanos normais, temos de refletir sobre nós mesmos. Simplesmente porque isso nos ajudará a nos adaptar às mudanças que sofremos em nossa vida e às mudanças que o ambiente nos impõe. É um processo contínuo de descoberta, reflexão e aprendizagem. E, de fato, ele é uma opção de cada um de nós. A pessoa pode optar por não o fazer, mas deixará de aproveitar a riqueza que essa vida proporciona, além da possibilidade de passar por crises e momentos difíceis de maneira melhor.

Quando trazemos a questão dessa autopercepção e do *self-insight* para nosso contexto dos processos de coaching, estamos falando do ponto de vista do coachee, mas também do coach. Neste momento, vamos nos concentrar no tema deste capítulo, que são os coaches. No capítulo seguinte, voltaremos ao tema para os coachees.

Lembramos que todos estão em diferentes momentos em relação à prática. Uns mais adiantados, outros ainda começando. Além disso, como dissemos anteriormente, cada indivíduo tem *backgrounds* e origens bem diferentes. Todos, de alguma forma, têm áreas de *expertise* e conhecimento e, da mesma forma, têm pontos cegos, características que não conhecem sobre si próprios ou que têm mais dificuldade em lidar. Portanto, seria necessário que a pessoa fizesse uma jornada que partisse da incompetência inconsciente ("Eu não sei o que não sei") para a incompetência consciente ("Eu sei o que não sei") até chegar à competência consciente ("Eu sei o que sei"). Essa é uma jornada riquíssima, pela qual, na teoria, deveriam passar os coachees e, de maneira enfática, todos os coaches. E que jornada, hein!!

2.4.2 Equilíbrio emocional

A jornada de se tornar um coach pode ser carregada de ansiedade, muitas vezes repleta do sentimento de estar desaprendendo, no entanto, a maioria das pessoas a considera uma jornada absolutamente rica e recompensadora. É necessário ao coach aprender a fazer algo muito complexo se quiser fazer da maneira correta; é algo estressante, que consome energia e desgasta o sujeito. Algo que não é para qualquer pessoa, mas que, ao final, encanta e enche de energia a pessoa.

No meio dessa jornada, o coach pode encontrar obstáculos, que, geralmente, estão relacionados aos pontos cegos (por exemplo, o fato do "Eu não sei o que não sei"), ou o que os psicólogos chamam de *defesas*. Defesas são resistências, conscientes ou inconscientes, à consciência dos próprios aspectos indesejáveis. Sem querer complicar muito, são aqueles comportamentos contraproducentes que a pessoa demonstra justamente pela dificuldade de entrar em contato com algum aspecto dela que resiste em reconhecer (trazer à consciência).

Como seres humanos que somos, normalmente experimentamos ambos os aspectos. Sempre há aspectos de nós mesmos sobre os quais não temos conhecimento. E, mais do que isso, sempre encontramos formas de evitar o reconhecimento de determinadas falhas que podem desafiar as crenças do que pensamos sobre nós mesmos. Além disso, o coach pode enfrentar outros fatores dificultadores. Por exemplo, tentar desenvolver o *self-insight* torna-se muito complicado se a pessoa não tiver algum tempo físico e mental para fazê-lo. Quando estamos sob muita pressão, correndo atrás de prazos e nos sentindo absolutamente estressados, estamos tentando simplesmente entregar, performar e concluir. Nesses momentos, o foco no aprendizado está longe de nós. É importante, assim, tentar, dentro do possível, criar momentos para si mesmo. Como um médico que cuida de seu corpo, ou de um dentista que trata seus dentes, é necessário criar tempo de conscientização, de autopercepção e de *self-insight*. Isso constitui um ponto crítico para a evolução na profissão de coach. Um coach que não está equilibrado, com sua ansiedade administrada e suas próprias questões, de alguma maneira, solucionadas, pode não estar totalmente disponível para ouvir e contribuir com outras pessoas.

Um dos aspectos particulares de foco para os coaches é a linha tênue entre estar abertos a aprender e a se questionar sobre si mesmos, visando aprendizado, sem, no entanto, fazer com que isso se vire contra eles. Por exemplo, se o coach começar a questionar absolutamente tudo o que faz, ou todo o tempo, certamente se tornará indeciso e menos confiante na própria capacidade de performar. Para muitas pessoas, a autoanálise pode ser um processo fácil, rapidamente focar em tudo o que de negativo ali existe, tornando-se alguém que se critica e que se chateia com esse processo. Isso deixará o processo de aprendizagem difícil, o que pode acabar se transformando em uma resistência a aprender. Os *insights* do coach sobre si mesmo podem, então, ser pouco precisos e menos consistentes com a realidade até de como ele é percebido pelos outros.

Por outro lado, se conseguirmos adotar uma postura cuidadosa, curiosa e generosa com nós mesmos, isso nos ajudará a crescer e a aprender mais sobre nós mesmos. A dica aqui é prestar atenção ou observar o tom emocional em que você está realizando esse processo. Por exemplo, pergunte a si mesmo se você está do seu próprio lado ou jogando contra ele. As críticas que você está fazendo a si mesmo seriam as mesmas que você faria a um colega na mesma situação, ou está sendo demasiadamente duro consigo mesmo? Não se parabenize muito, mas também não se critique o tempo todo.

> **Importante!**
> Como Sören Kierkegaard disse: "De todas as pessoas que eventualmente possam te enganar, tenha mais medo de você mesmo" (Ex-isto, 2021). Ainda ilustrando o que dissemos, Carl Jung (citado por Rocha, 2017, p. 6) menciona: "Tudo o nos irrita nos outros pode nos levar a uma melhor compreensão de nós mesmos".

2.4.3 Autoconhecimento

Aqui, decidimos compartilhar com você, leitor, um processo de autoconhecimento, que, na nossa compreensão, é um processo único, pessoal e que acontece de diferentes formas para cada pessoa. Há pessoas que já nascem curiosas. Os "porquês" podem fazer parte da nossa vida desde pequenos. Por que isso é assim? Por que fazemos desse jeito? Com a formação em psicologia e a prática no trato com pessoas, muitos outros porquês aparecem para que sejam solucionados. E por que autoconhecimento é uma coisa absolutamente crítica para um coach? Simplesmente para que ele consiga separar claramente o que é do coachee e o que é dele próprio. Por exemplo, se o coach não compreende o próprio modo de funcionar, pode acreditar que o que precisa ser desenvolvido em alguém é algo que, na verdade, pertence a si próprio. Contudo, a mente prega peças o tempo todo. Alguns acreditam, nessa situação, que a questão se refere ao coachee, insistindo em pontos que, na verdade, não fazem sentido para aquele cliente. Esse é o perigo dessa atividade.

O autoconhecimento pode ocorrer de várias formas, por meio de instrumentos de avaliação de perfil pessoal, prática, *feedbacks*, entre outros.

Todo instrumento que o coach imagine utilizar em seus coachees deve ser feito pelo próprio coach anteriormente. Primeiro porque é possível passar pela experiência que o cliente vai passar, e sentir o que ele/ela pode sentir. Segundo, porque isso traz ao coach conhecimento sobre si próprio. Aprender sobre como pensa, como se relaciona, como reage sob estresse ajuda a pessoa a lidar com essas características nas outras pessoas. Uma lista de instrumentos e suas aplicações está disponibilizada no Capítulo 5 para ajudá-lo em suas escolhas.

A prática, como afirmamos antes, é fundamental para a evolução do coach e vamos falar dela em um capítulo específico, mais à frente.

Os *feedbacks* são fundamentais para a evolução de qualquer profissional em qualquer área. Aqui não é diferente. O coach não deve ter receio de pedir *feedbacks* aos seus coachees, às pessoas das empresas que lhe contrataram, aos colegas que dividem o dia a dia com ele. *Feedback* é um ato de generosidade de alguém para outro ou vice-versa. Trata-se da percepção do outro sobre determinada pessoa. Não quer dizer que essa percepção seja verdade ou mentira, mas quer dizer que algo que está sendo feito está dando àquela pessoa a sensação que ela está dividindo com o coach. O coach não deve julgar, criticar, apenas ouvir e agradecer e utilizar seu autoconhecimento para analisar e interpretar o conteúdo que chegou até ele. Abordaremos mais a prática do *feedback* também mais adiante.

2.5 Código de conduta e ética profissional

Como ja mencioonamos anteriormente, a atividade de coach não é uma profissão reconhecida pelo Ministério da Educação (MEC), dessa forma, tudo o que consta sobre ela são regras ou práticas de como o coach deve operar, mas nada oficialmente reconhecido no Brasil.

Ao pensar neste capítulo e em como trazer algo que pudesse servir como base de reflexão e atuação, decidimos reunir o que está disposto:

- no Código de Ética do Psicólogo (CFP, 2005); e
- no Código de Ética elaborado pelo International Coach Federation (ICF, 2015).

2.5.1 CFP – Conselho Federal de Psicologia

O Código de Ética do Psicólogo (CFP, 2005) estabelece os sete princípios fundamentais a seguir e suas diretrizes:

PRINCÍPIOS FUNDAMENTAIS

I. O psicólogo baseará o seu trabalho no respeito e na promoção da liberdade, da dignidade, da igualdade e da integridade do ser humano, apoiado nos valores que embasam a Declaração Universal dos Direitos Humanos.

II. O psicólogo trabalhará visando promover a saúde e a qualidade de vida das pessoas e das coletividades e contribuirá para a eliminação de quaisquer formas de negligência, discriminação, exploração, violência, crueldade e opressão.

III. O psicólogo atuará com responsabilidade social, analisando crítica e historicamente a realidade política, econômica, social e cultural.

IV. O psicólogo atuará com responsabilidade, por meio do contínuo aprimoramento profissional, contribuindo para o desenvolvimento da Psicologia como campo científico de conhecimento e de prática.

V. O psicólogo contribuirá para promover a universalização do acesso da população às informações, ao conhecimento da ciência psicológica, aos serviços e aos padrões éticos da profissão.

VI. O psicólogo zelará para que o exercício profissional seja efetuado com dignidade, rejeitando situações em que a Psicologia esteja sendo aviltada.

VII. O psicólogo considerará as relações de poder nos contextos em que atua e os impactos dessas relações sobre as suas atividades profissionais, posicionando-se de forma crítica e em consonância com os demais princípios deste Código.

Das Responsabilidades do Psicólogo podemos abstrair os sete princípios fundamentais abaixo:

DAS RESPONSABILIDADES DO PSICÓLOGO

Art. 1º São deveres fundamentais dos psicólogos:
a) Conhecer, divulgar, cumprir e fazer cumprir este Código;
b) Assumir responsabilidades profissionais somente por atividades para as quais esteja capacitado pessoal, teórica e tecnicamente;

c) Prestar serviços psicológicos de qualidade, em condições de trabalho dignas e apropriadas à natureza desses serviços, utilizando princípios, conhecimentos e técnicas reconhecidamente fundamentados na ciência psicológica, na ética e na legislação profissional;

d) Prestar serviços profissionais em situações de calamidade pública ou de emergência, sem visar benefício pessoal;

e) Estabelecer acordos de prestação de serviços que respeitem os direitos do usuário ou beneficiário de serviços de Psicologia;

f) Fornecer, a quem de direito, na prestação de serviços psicológicos, informações concernentes ao trabalho a ser realizado e ao seu objetivo profissional;

g) Informar, a quem de direito, os resultados decorrentes da prestação de serviços psicológicos, transmitindo somente o que for necessário para a tomada de decisões que afetem o usuário ou beneficiário;

h) Orientar a quem de direito sobre os encaminhamentos apropriados, a partir da prestação de serviços psicológicos, e fornecer, sempre que solicitado, os documentos pertinentes ao bom termo do trabalho;

i) Zelar para que a comercialização, aquisição, doação, empréstimo, guarda e forma de divulgação do material privativo do psicólogo sejam feitos conforme os princípios deste Código;

j) Ter, para com o trabalho dos psicólogos e de outros profissionais, respeito, consideração e solidariedade, e, quando solicitado, colaborar com estes, salvo impedimento por motivo relevante;

k) Sugerir serviços de outros psicólogos, sempre que, por motivos justificáveis, não puderem ser continuados pelo profissional que os assumiu inicialmente, fornecendo ao seu substituto as informações necessárias à continuidade do trabalho;

l) Levar ao conhecimento das instâncias competentes o exercício ilegal ou irregular da profissão, transgressões a princípios e diretrizes deste Código ou da legislação profissional.

Art. 2º Ao psicólogo é vedado:

a) Praticar ou ser conivente com quaisquer atos que caracterizem negligência, discriminação, exploração, violência, crueldade ou opressão;

b) Induzir a convicções políticas, filosóficas, morais, ideológicas, religiosas, de orientação sexual ou a qualquer tipo de preconceito, quando do exercício de suas funções profissionais;

c) Utilizar ou favorecer o uso de conhecimento e a utilização de práticas psicológicas como instrumentos de castigo, tortura ou qualquer forma de violência;

d) Acumpliciar-se com pessoas ou organizações que exerçam ou favoreçam o exercício ilegal da profissão de psicólogo ou de qualquer outra atividade profissional;

e) Ser conivente com erros, faltas éticas, violação de direitos, crimes ou contravenções penais praticadas por psicólogos na prestação de serviços profissionais;

f) Prestar serviços ou vincular o título de psicólogo a serviços de atendimento psicológico cujos procedimentos, técnicas e meios não estejam regulamentados ou reconhecidos pela profissão;

g) Emitir documentos sem fundamentação e qualidade técnico-científica;

h) Interferir na validade e fidedignidade de instrumentos e técnicas psicológicas, adulterar seus resultados ou fazer declarações falsas;

i) Induzir qualquer pessoa ou organização a recorrer a seus serviços;

j) Estabelecer com a pessoa atendida, familiar ou terceiro, que tenha vínculo com o atendido, relação que possa interferir negativamente nos objetivos do serviço prestado;

k) Ser perito, avaliador ou parecerista em situações nas quais seus vínculos pessoais ou profissionais, atuais ou anteriores, possam afetar a qualidade do trabalho a ser realizado ou a fidelidade aos resultados da avaliação;

l) Desviar para serviço particular ou de outra instituição, visando benefício próprio, pessoas ou organizações atendidas por instituição com a qual mantenha qualquer tipo de vínculo profissional;

m) Prestar serviços profissionais a organizações concorrentes de modo que possam resultar em prejuízo para as partes envolvidas, decorrentes de informações privilegiadas;

n) Prolongar, desnecessariamente, a prestação de serviços profissionais;

o) Pleitear ou receber comissões, empréstimos, doações ou vantagens outras de qualquer espécie, além dos honorários contratados, assim como intermediar transações financeiras;

p) Receber, pagar remuneração ou porcentagem por encaminhamento de serviços;

q) Realizar diagnósticos, divulgar procedimentos ou apresentar resultados de serviços psicológicos em meios de comunicação, de forma a expor pessoas, grupos ou organizações.

Art. 3º O psicólogo, para ingressar, associar-se ou permanecer em uma organização, considerará a missão, a filosofia, as políticas, as normas e as práticas nela vigentes e sua compatibilidade com os princípios e regras deste Código.

Parágrafo único. Existindo incompatibilidade, cabe ao psicólogo recusar-se a prestar serviços e, se pertinente, apresentar denúncia ao órgão competente.

Art. 4º Ao fixar a remuneração pelo seu trabalho, o psicólogo:

a) Levará em conta a justa retribuição aos serviços prestados e as condições do usuário ou beneficiário;

b) Estipulará o valor de acordo com as características da atividade e o comunicará ao usuário ou beneficiário antes do início do trabalho a ser realizado;

c) Assegurará a qualidade dos serviços oferecidos independentemente do valor acordado.

Art. 5º O psicólogo, quando participar de greves ou paralisações, garantirá que:

a) As atividades de emergência não sejam interrompidas;

b) Haja prévia comunicação da paralisação aos usuários ou beneficiários dos serviços atingidos por ela.

Art. 6º O psicólogo, no relacionamento com profissionais não psicólogos:

a) Encaminhará a profissionais ou entidades habilitados e qualificados demandas que extrapolem seu campo de atuação;

b) Compartilhará somente informações relevantes para qualificar o serviço prestado, resguardando o caráter confidencial das comunicações, assinalando a responsabilidade, de quem as receber, de preservar o sigilo.

Art. 7º O psicólogo poderá intervir na prestação de serviços psicológicos que estejam sendo efetuados por outro profissional, nas seguintes situações:
a) A pedido do profissional responsável pelo serviço;
b) Em caso de emergência ou risco ao beneficiário ou usuário do serviço, quando dará imediata ciência ao profissional;
c) Quando informado expressamente, por qualquer uma das partes, da interrupção voluntária e definitiva do serviço;
d) Quando se tratar de trabalho multiprofissional e a intervenção fizer parte da metodologia adotada.

Art. 8º Para realizar atendimento não eventual de criança, adolescente ou interdito, o psicólogo deverá obter autorização de ao menos um de seus responsáveis, observadas as determinações da legislação vigente:
§1º No caso de não se apresentar um responsável legal, o atendimento deverá ser efetuado e comunicado às autoridades competentes;
§2º O psicólogo responsabilizar-se-á pelos encaminhamentos que se fizerem necessários para garantir a proteção integral do atendido.

Art. 9º É dever do psicólogo respeitar o sigilo profissional a fim de proteger, por meio da confidencialidade, a intimidade das pessoas, grupos ou organizações, a que tenha acesso no exercício profissional.

Art. 10. Nas situações em que se configure conflito entre as exigências decorrentes do disposto no Art. 9º e as afirmações dos princípios fundamentais deste Código, excetuando-se os casos previstos em lei, o psicólogo poderá decidir pela quebra de sigilo, baseando sua decisão na busca do menor prejuízo.
Parágrafo único. Em caso de quebra do sigilo previsto no caput deste artigo, o psicólogo deverá restringir-se a prestar as informações estritamente necessárias.

Art. 11. Quando requisitado a depor em juízo, o psicólogo poderá prestar informações, considerando o previsto neste Código.

Art. 12. Nos documentos que embasam as atividades em equipe multiprofissional, o psicólogo registrará apenas as informações necessárias para o cumprimento dos objetivos do trabalho.

Art. 13. No atendimento à criança, ao adolescente ou ao interdito, deve ser comunicado aos responsáveis o estritamente essencial para se promoverem medidas em seu benefício.

Art. 14. A utilização de quaisquer meios de registro e observação da prática psicológica obedecerá às normas deste Código e a legislação profissional vigente, devendo o usuário ou beneficiário, desde o início, ser informado.

Art. 15. Em caso de interrupção do trabalho do psicólogo, por quaisquer motivos, ele deverá zelar pelo destino dos seus arquivos confidenciais.

§ 1º Em caso de demissão ou exoneração, o psicólogo deverá repassar todo o material ao psicólogo que vier a substituí-lo, ou lacrá-lo para posterior utilização pelo psicólogo substituto.

§ 2º Em caso de extinção do serviço de Psicologia, o psicólogo responsável informará ao Conselho Regional de Psicologia, que providenciará a destinação dos arquivos confidenciais.

Art. 16. O psicólogo, na realização de estudos, pesquisas e atividades voltadas para a produção de conhecimento e desenvolvimento de tecnologias:
a) Avaliará os riscos envolvidos, tanto pelos procedimentos, como pela divulgação dos resultados, com o objetivo de proteger as pessoas, grupos, organizações e comunidades envolvidas;
b) Garantirá o caráter voluntário da participação dos envolvidos, mediante consentimento livre e esclarecido, salvo nas situações previstas em legislação específica e respeitando os princípios deste Código;
c) Garantirá o anonimato das pessoas, grupos ou organizações, salvo interesse manifesto destes;
d) Garantirá o acesso das pessoas, grupos ou organizações aos resultados das pesquisas ou estudos, após seu encerramento, sempre que assim o desejarem.

Art. 17. Caberá aos psicólogos docentes ou supervisores esclarecer, informar, orientar e exigir dos estudantes a observância dos princípios e normas contidas neste Código.

Art. 18. O psicólogo não divulgará, ensinará, cederá, emprestará ou venderá a leigos instrumentos e técnicas psicológicas que permitam ou facilitem o exercício ilegal da profissão.

Art. 19. O psicólogo, ao participar de atividade em veículos de comunicação, zelará para que as informações prestadas disseminem o conhecimento a respeito das atribuições, da base científica e do papel social da profissão.

Art. 20. O psicólogo, ao promover publicamente seus serviços, por quaisquer meios, individual ou coletivamente:
a) Informará o seu nome completo, o CRP e seu número de registro;
b) Fará referência apenas a títulos ou qualificações profissionais que possua;
c) Divulgará somente qualificações, atividades e recursos relativos a técnicas e práticas que estejam reconhecidas ou regulamentadas pela profissão;
d) Não utilizará o preço do serviço como forma de propaganda;
e) Não fará previsão taxativa de resultados;
f) Não fará autopromoção em detrimento de outros profissionais;
g) Não proporá atividades que sejam atribuições privativas de outras categorias profissionais;
h) Não fará divulgação sensacionalista das atividades profissionais.

Das Disposições Gerais podemos ainda abstrair:

DAS DISPOSIÇÕES GERAIS

Art. 21. As transgressões dos preceitos deste Código constituem infração disciplinar com a aplicação das seguintes penalidades, na forma dos dispositivos legais ou regimentais:
a) Advertência;
b) Multa;
c) Censura pública;
d) Suspensão do exercício profissional, por até 30 (trinta) dias, ad referendum do Conselho Federal de Psicologia;
e) Cassação do exercício profissional, ad referendum do Conselho Federal de Psicologia.

Art. 22. As dúvidas na observância deste Código e os casos omissos serão resolvidos pelos Conselhos Regionais de Psicologia, ad referendum do Conselho Federal de Psicologia.

Art. 23. Competirá ao Conselho Federal de Psicologia firmar jurisprudência quanto aos casos omissos e fazê-la incorporar a este Código.

Art. 24. O presente Código poderá ser alterado pelo Conselho Federal de Psicologia, por iniciativa própria ou da categoria, ouvidos os Conselhos Regionais de Psicologia.

Art. 25. Este Código entra em vigor em 27 de agosto de 2005.

2.5.2 ICF – International Coaching Federation

O Código de Conduta elaborado pelo ICF (2015, grifo do original) disciplina o seguinte:

Parte I: Definições

Coaching: Coaching é um processo de acompanhamento reflexivo e criativo feito em parceria com os clientes, objetivando inspirá-los a maximizar o seu potencial pessoal e profissional.

Coach da ICF: O Coach da ICF compromete-se a praticar as Competências Essenciais da ICF e promete prestação de contas ao Código de Ética da ICF.

Relacionamento Profissional de Coaching: Uma relação profissional de Coaching, existe quando este processo Coaching inclui um acordo (incluindo os contratos) que define as responsabilidades de cada parte.

Regras de um relacionamento de Coaching: Para esclarecer os papéis no relacionamento de Coaching muitas vezes é necessário fazer a distinção entre o cliente e o patrocinador. Na maioria dos casos o cliente e patrocinador são a mesma pessoa e, portanto, são referidas em conjunto como o cliente. Para fins de identificação, no entanto, a ICF define estas funções como se segue:

Cliente: O Cliente / Coachee é a pessoa que está recebendo Coaching.

Patrocinador: O "patrocinador" é a entidade (incluindo os seus representantes) que estão pagando e / ou organizando a prestação dos serviços de Coaching. Em todos os casos, os acordos de Coaching devem estabelecer claramente os direitos, papéis e responsabilidades, tanto para o cliente quanto para o patrocinador, caso o cliente e patrocinador sejam pessoas diferentes.

Aluno: O "estudante" é alguém matriculado em um programa de formação de Coaches ou que trabalha com um supervisor de Coaching ou Coach mentor, a fim de aprender o processo de Coaching ou para aprimorar e desenvolver suas habilidades de Coaching.

Conflito de interesse: é uma situação em que um Coach tem um interesse privado ou pessoal, suficiente para dar a sensação de estar influenciando sobre a objetivo de suas obrigações oficiais como um Coach e um profissional.

Parte Dois: Os Padrões ICF de Conduta Ética

Seção 1: Conduta Profissional Como Um Todo
Como Coach, eu prometo:

1) Conduta de acordo com o Código de Ética da ICF, em todas as interações, incluindo a formação, mentoria e atividades de supervisão do Coaching.

2) Tomar medidas adequadas como Coach, ou Coach Mentor ou entrar em contato com a ICF para informar ou resolver qualquer violação ou possível violação ética assim que eu tomar conhecimento, estando envolvido ou não.

3) Comunicar e sensibilizar os demais, incluindo organizações, empregados, patrocinadores, Coaches e outros, que possam ter necessidade de serem informados sobre as responsabilidades estabelecidas neste Código.

4) Abster-me de uma discriminação ilegal em atividades ocupacionais, incluindo idade, raça, orientação de gênero, etnia, orientação sexual, religião, origem nacional ou deficiência.

5) Fazer declarações verbais e escritas que sejam verdadeiras e precisas sobre o que eu ofereço como Coach, a profissão de Coaching ou sobre a ICF.

6) Identificar com precisão as minhas qualificações, especialização, experiência, treinamento, certificações e credenciais ICF.

7) Reconhecer e honrar os esforços e contribuições de outros e só reivindicar a posse do meu próprio material. Eu entendo que violar esta norma poderá deixar-me sujeito a recurso judicial por um terceiro.

8) Esforçar em todos os momentos para reconhecer meus problemas pessoais que possam prejudicar, **conflitar com** ou **interferir com** o meu desempenho de Coaching ou meus relacionamentos profissionais de Coaching. Procurarei imediatamente a assistência profissional relevante e determinar a ação a ser tomada, inclusive se é conveniente suspender ou terminar meu relacionamento (s) de Coaching sempre que os fatos e as circunstâncias exigirem.

9) Reconhecer que o Código de Ética se aplica ao meu relacionamento com clientes de Coaching, Coachees, estudantes, mentorados e supervisionados.

10) Realizar e relatar pesquisas com competência, honestidade e dentro de padrões científicos reconhecidos e diretrizes de disciplinas aplicáveis. Minha pesquisa será realizada com o consentimento e aprovação necessária dos envolvidos e com uma abordagem que irá proteger os participantes de qualquer dano potencial. Todos os esforços de pesquisa serão realizados de forma a estar em conformidade com todas as leis aplicáveis do país no qual a pesquisa será conduzida.

11) Manter, armazenar e eliminar todos os registros, incluindo arquivos e comunicações eletrônicas criados durante meus compromissos de Coaching, de uma maneira que promova a confidencialidade, segurança e privacidade e em conformidade com todas as leis e acordos aplicáveis.

12) Utilizar as informações de contato dos membros da ICF (endereços de e-mail, números de telefone, e assim por diante apenas na forma e na medida autorizada pela ICF.

Seção 2: Conflitos de Interesse
Como Coach, eu prometo:
13) Procurar ser consciente de qualquer conflito ou potencial conflito de interesses, divulgar abertamente qualquer conflito e me oferecer para eliminar quando surgir um conflito.

14) Clarificar os papéis para Coaches internos, estabelecer limites e analisar com as partes interessadas conflitos de interesse que possam surgir entre Coaching e outras funções relacionados.

15) Divulgar ao meu cliente e ao patrocinador (es) toda compensação antecipada de terceiros que eu possa receber por referência de clientes ou pagar para receber clientes.

16) Honrar por uma equilibrada relação Coach / cliente, independentemente da forma de compensação.

Seção 3: Conduta Profissional com Clientes
Como Coach, eu prometo:

17) Eticamente falar o que eu sei que é verdade, para os clientes, potenciais clientes ou patrocinadores sobre o valor potencial do processo de Coaching ou de mim mesmo como Coach.

18) Explicar cuidadosamente e me esforçar para garantir que, antes ou durante a reunião inicial, o meu cliente de Coaching e patrocinadora(s) entendam a natureza do Coaching, a natureza e os limites de confidencialidade, acordos financeiros e quaisquer outros termos do acordo de Coaching.

19) Estabelecer um contrato de prestação de serviços de Coaching claro com os meus clientes e patrocinadora (s) antes de iniciar o relacionamento de Coaching e honrar este acordo. O acordo deve incluir os papéis, responsabilidades e direitos de todas as partes envolvidas.

20) Manter a responsabilidade de ser consciente e estabelecer limites claros, apropriados e culturalmente sensíveis que governem as interações, físicas ou não, que eu possa ter com os meus clientes ou patrocinadora (s).

21) Evitar qualquer relação sexual ou romântica com os clientes atuais ou patrocinadora (s) ou estudantes, mentorados ou supervisionados. Além disso, estarei alerta para a possibilidade de qualquer intimidade sexual potencial entre as partes, incluindo o meu pessoal de apoio e / ou assistentes e tomar as medidas adequadas para resolver o problema ou cancelar o relacionamento, a fim de proporcionar um ambiente seguro em geral.

22) Respeitar o direito do cliente de terminar o relacionamento de Coaching em qualquer momento durante o processo, sem prejuízo das disposições do acordo. Ficarei alerta para indicações de que pode haver alteração do valor recebido durante o relacionamento de Coaching.

23) Estimular o cliente ou patrocinador para fazer uma mudança se eu acreditar que o cliente ou patrocinador seria melhor [sic] servido por outro Coach ou por outro recurso e ainda sugerir a meu cliente procurar os serviços de outros profissionais quando julgar necessário ou apropriado.

Seção 4: Confidencialidade / Privacidade
Como Coach, eu prometo:
24) Manter os mais restritos níveis de confidencialidade das informações com todos os clientes e patrocinadores, a menos que a divulgação seja exigida por lei.
25) Ter um acordo claro sobre como as informações de Coaching serão trocados entre Coach, Cliente e Patrocinador.
26) Ter um acordo claro, quando atuando como um Coach, Coach mentor, Coach supervisor ou instrutor, com o cliente e patrocinador, estudante, aprendiz, ou supervisionado sobre as condições em que a confidencialidade não pode ser mantida (por exemplo, a atividade ilegal, nos termos da ordem judicial ou intimação válida, risco iminente ou provável de perigo para si ou para outrem etc.) e, verificar se o cliente e o patrocinador, estudante, aprendiz, ou supervisionado, voluntária e conscientemente concordarem por escrito com esse limite de confidencialidade. Onde eu razoavelmente entender, que em função de alguma das circunstâncias acima seja aplicável, eu preciso informar as autoridades competentes.
27) Exigir de todos aqueles que trabalham comigo, em apoio dos meus clientes, façam adesão ao Código de Ética, Item 26, Seção 4, Padrões ICF de Confidencialidade e Privacidade, e demais seções do Código de Ética que possam ser aplicáveis.

Seção 5: Desenvolvimento Continuo
Como Coach, eu prometo:
28) Comprometer-me com a necessidade de desenvolvimento contínuo e permanente das minhas competências profissionais.

Parte Três: O ICF Juramento de Ética

Como um Coach ICF eu reconheço e concordo em honrar minhas obrigações éticas e legais com os meus clientes de Coaching e patrocinadores, colegas e o público em geral. Comprometo-me a cumprir o Código de Ética da ICF e praticar estes padrões com aqueles a quem eu treinar, ensinar, fazer mentoria ou supervisionar. No caso de eu violar este Compromisso de Ética ou qualquer parte do Código de Ética da ICF concordo que a ICF, a seu exclusivo critério, pode considerar-me responsável por fazê-lo. Eu também concordo que a minha responsabilidade perante a ICF por qualquer violação pode incluir sanções como a perda da minha condição de Membro ICF e / ou das minhas Credenciais ICF.

Aprovada pelo Conselho Global de ICF de Administração em junho 2015.

2.5.3 Algumas considerações finais sobre o tema

Apesar de termos citado muitos conteúdos sobre ética, postura e condutas, gostaria de dividir alguns itens-resumo que procuro seguir com todos meus clientes e que têm me ajudado a construir minha reputação no setor. São eles:

- Antes de qualquer coisa respeite a si mesmo – quando você se respeita, você, naturalmente, respeita o outro.
- Não faça com o outro o que você não gostaria que fizessem com você – acredito que dispensa explicação.
- Fale a verdade – por mais difícil que seja, não minta, fale a verdade para as pessoas.
- Não cobre mais porque seu cliente pode pagar – você até pode adaptar seu preço ao escopo de seu trabalho, mas abusar de um cliente que pode pagar será prejudicial à sua reputação em algum momento de sua jornada de carreira.
- Mantenha registros de suas sessões – é importante se organizar e ter anotações para sua própria organização.
- Não fale sobre seus coachees – essas histórias são sigilosas e seus clientes merecem respeito.
- Seja generoso com todos, inclusive com seus concorrentes – acredite, ter proximidade com seus concorrentes é um grande diferencial; um concorrente não é um inimigo.

3 O coachee

Neste capítulo, vamos abordar os tipos de profissionais que podem usufruir de um processo de coaching. Apesar de o processo, em geral, ser semelhante, tenho descoberto, ao longo de minha carreira, diferenças e peculiaridades que variam conforme o nível da pessoa e o momento em que ela se encontra na carreira e no contexto de mercado. Na verdade, muitas vezes, são pequenos detalhes que podem passar despercebidos aos coaches, mas que, ao final, fazem uma grande diferença no sucesso do processo.

3.1 C-Level

Aqui, nesta seção, nosso objetivo é evidenciar os profissionais que estão nas altas lideranças das organizações, bem como indicar as respectivas nomenclaturas utilizadas pelas empresas para esses cargos.

3.1.1 Definição

Os executivos pertencentes ao C-Suite, chamados de *C-Level* (*nível C*), geralmente desempenham um papel estratégico em uma organização. A expressão *Suite* significa o conjunto deles, o coletivo desses profissionais. A letra "C" vem do inglês *chief* (chefe). Eles podem ser responsáveis por áreas, unidades de negócio ou pela empresa como um todo. O uso desse termo vem aumentando desde 2004, e hoje ele é utilizado por muitas companhias, principalmente pelas multinacionais, mas também por empresas nacionais. Não temos muita informação sobre sua origem, mas há indícios de que o uso do termo teve início como um jargão comercial para representar as gerências mais seniores da organização, algo como "chegar ao nível C" de uma corporação, e daí foi um passo para ser adotado pelo mercado.

Embora cada empresa seja um sistema complexo de titularidades, níveis e sistemas classificatórios, alguns cargos têm se tornado quase universalmente a descrição de tarefas e responsabilidades comuns. A seguir, vejamos um resumo dos nomes de cargos mais utilizados.

CEO – Chief Executive Officer
Normalmente, é o cargo mais alto da companhia. Os CEOs têm a visão mais ampla e global de todas as operações corporativas, bem como supervisionam as decisões que estão sendo tomadas por seus subordinados diretos. Todos os outros cargos da C-Suite se reportam ao CEO. Em empresas familiares, o fundador ou os membros da família podem tornar-se CEOs também.

COO – Chief Operating Officer
COOs são responsáveis pela execução dos planos de negócio e pela estratégia. Eles asseguram que a companhia rode como um reloginho. Em muitas companhias, o COO é como o "segundo em comando", depois do CEO.

CFO – Chief Financial Officer
Um CFO gerencia os aspectos financeiros da empresa. Eles são responsáveis pelos *budgets* (orçamentos) de longo prazo. Deles também é esperada a análise de risco da companhia, os relatórios financeiros e o *status* geral da saúde financeira da companhia. Em algumas companhias, um CFO também pode ser responsável pelo comando da área administrativa.

CTO – Chief Technology Officer e CIO – Chief Information Officer
Os CTOs comandam a tecnologia de uma companhia, ou seja, seus sistemas de informação. Eles pesquisam e implementam novos sistemas, supervisionam a segurança deles e desenham a infraestrutura necessária para essas operações. Muitas vezes, o termo *CIO* é utilizado para essa mesma função, porém, quando uma companhia conta com ambos os cargos, geralmente, na divisão de responsabilidades, o CTO cria produtos e recursos, e o CIO, com foco mais interno, é o responsável pelas operações dos sistemas, para que sejam eficazes.

CMO – Chief Marketing Officer
O CMO é o executivo responsável pela criação e implementação de estratégias de *marketing*. Dependendo do setor em que a empresa atua

e de seus objetivos, essas estratégias podem envolver o *marketing* digital, a propaganda, o posicionamento de produtos, além de eventos e campanhas.

CHRO – Chief Human Resources Officer ou CPO – Chief People Officer
CHROs e CPOs são responsáveis por tudo o que diz respeito às pessoas de uma organização. Em geral, eles definem como a companhia fará a atração de talentos, a promoção, o treinamento e a avaliação. Eles também gerenciam as estratégias de Recursos Humanos de longo prazo, como plano de sucessão e engajamento de pessoas.

Além das definições ora elencadas, existem várias denominações que podem ser menos utilizadas, determinam cargos de nível menor ou são criadas para satisfazer as necessidades específicas de determinadas companhias. Muitas vezes, algumas delas se sobrepõem e podem causar confusão quanto à divisão de tarefas. A seguir, citamos algumas apenas para exemplificar:

- CLO (Chief Legal Officer) – Diretor jurídico
- CAO (Chief Accounting Officer) – Diretor de contabilidade
- CBO (Chief Business Officer) – Diretor de negócios
- CDO (Chief Design Officer) – Diretor de *design*
- CBO (Chief Brand Officer) – Diretor de marca
- CCO (Chief Communications Officer) – Diretor de comunicações

As possibilidades de nomenclatura são inúmeras. O mais importante para o processo é que o coach identifique onde, no organograma, encaixa-se a pessoa que ele atenderá, quem é o chefe funcional dele, assim como sua equipe e suas responsabilidades.

3.1.2 C-Level: responsabilidades, experiência e atributos

Levamos muitos anos para ser capaz de realmente fazer coaching desse grupo de executivos. Muitas vezes, quando somos jovens, acreditamos que todos os profissionais são iguais e que, de uma forma ou de outra, vamos poder ajudá-los, mas, com o tempo, aprendemos que o negócio aqui é bem diferente. O coach não deve ter pressa de chegar lá, quanto mais prática ele tiver, melhor preparado estará quando essa hora chegar. O jogo aqui é bem mais complexo, as pessoas são muito bem preparadas e necessitam de coaches que possam compreendê-las e orientá-las.

Esses executivos são capazes de agregar um valor tremendo para as organizações, mas podem também causar danos imensos quando não performam bem seu papel. Obviamente, situações diferentes exigem líderes diferentes, do mesmo modo que companhias distintas exigem líderes distintos. No entanto, o que percebemos é que os profissionais C-Level têm forças absolutamente diversas em uma ou duas áreas, forças essas que os tornarão absolutamente diferentes, como se fossem suas assinaturas pessoais. O mais importante disso é que essa assinatura, na maioria das vezes, transforma-se em um sinal fundamental para o mercado, para os funcionários e para outros *stakeholders*, sobre o que aquela companhia tem como valores, ou o que ela prioriza, ou como ela age. Esses profissionais se tornam, então, verdadeiras peças de *marketing* ambulante, representando suas companhias nas redes sociais, em eventos e em outros canais de divulgação. Atualmente, podemos observar variáveis muito diferentes das antigas. Hoje, esse processo de se desvincular da própria marca é muito mais complexo, desfocado e difícil de gerenciar. Além dessa complexidade, o que vemos é que esses profissionais estão sob uma pressão incomensurável por *performance* e, mais do que isso, por realizar o crescimento orgânico de suas organizações.

O prazo de validade desses executivos está se tornando mais e mais curto, e se espera que eles, às vezes milagrosamente, gerem impacto interno e externo quase de imediato. Para que possam fazer isso, necessitam de uma profunda compreensão de seu estilo pessoal e de como podem utilizar as forças desse estilo de maneira criativa e produtiva. Da mesma forma, eles têm de aprender a controlar seus pontos mais fracos, suas reações sob pressão e demonstrar equilíbrio emocional praticamente o tempo todo.

As organizações precisam atuar como organismos vivos e adaptáveis, capazes de evoluir diante dos novos e cada vez mais complexos desafios. Por isso, os executivos C-Level precisam orquestrar mudanças, e devem fazer isso por meio de outras pessoas, criando uma cultura corporativa de flexibilidade, destreza e resultados. Por mais que isso exija diferentes competências e atributos, torna-se crítico para eles a possibilidade de formar equipes fortes, complementares e dispostas a ajudá-los nessa difícil tarefa. Além disso, ser capaz de, eficaz e simplificadamente, comunicar os objetivos organizacionais a uma variedade de audiência torna-se requisito essencial. Isso significa ser capaz de encantar, atrair e se fazer compreender por pessoas de nível e de interesses diferentes.

Existem alguns assuntos que permeiam a atuação desses profissionais, com maior ou menor intensidade, mas que podem significar sucesso ou fracasso naquilo que fazem. O primeiro que queremos abordar é o foco em pessoas. Pessoas já são e se tornarão ainda mais os diferenciais competitivos das organizações. Esses executivos estão entrando em uma guerra pelos melhores talentos em um mercado extremamente competitivo. Sua tarefa é criar ambientes e culturas atraentes a esses talentos, de modo que tornem mais fácil os processos conduzidos pela área de Recursos Humanos. Porém, isso não basta, eles têm de prestar atenção pessoal ao tema, em vez de simplesmente delegá-lo totalmente à área de Recursos Humanos.

Além das pessoas, há dois temas que, geralmente, andam em conjunto, são eles: (1) a estratégia; e (2) a execução. É difícil separar as duas, mesmo que normalmente encontremos profissionais mais fortes de um lado, e outros do outro. Não há problema nisso, desde que o lado mais fraco seja preenchido por outra pessoa ou de alguma outra forma. Além da necessidade da presença de ambas as características, temos de lembrar o cenário em que estamos inseridos atualmente: um contexto de polaridades, contradições, diferenças regionais, ambientes regulatórios e diferentes *stakeholders*.

Apenas para deixar claro, entendemos por *estratégia* a capacidade de desenhar perspectivas de longo prazo, uma visão conjunta da interrelação entre todas as variáveis que estão presentes em determinado momento e contexto. A execução é a parte tática do trabalho, ou seja, uma vez definida a direção, refere-se ao que deve ser feito, passo a passo, para chegar ao sucesso daquela empreitada. Voltaremos com mais detalhes a esse tema no capítulo que aborda a prática do coaching.

Uma terceira questão que permeia esse nível de executivo é o que chamamos de *criação de valor*. Isso reflete uma mudança de um gerenciamento operacional, que agora volta-se a metas e processos para a liderança do negócio por meio da comunicação de valores e a da criação de uma cultura organizacional forte. Muitos executivos, quando se deparam com esse tipo de afirmação, questionam-se sobre o quanto isso é possível e como deve ser feito. Em nossa opinião, as palavras são mais complicadas do que os atos nesse caso. O que estamos falando é da prática do dia a dia, ou seja, como aquele executivo e seus reportes diretos se comportam na companhia. Esses profissionais se comunicam de maneira transparente? Eles se preocupam com as pessoas? Eles as tratam com respeito? Mais do que fazer algo especial, é tornar o comportamento algo adequado e de valor todos os dias. Como pais que educam seus filhos, o comportamento de líderes dentro de uma organização serve de modelo para quem está mais abaixo na pirâmide. Acredite, o que eles fazem será seguido de uma forma ou de outra. Isso é o que cria a cultura de uma empresa, a soma dos comportamentos de todos, o jeito como as coisas são ali feitas e comunicadas, a forma como se faz o outro se sentir.

Outro item que está regularmente presente na agenda desses líderes chama-se *inovação*. Almejada e desejada pela maioria, mas difícil de ser implantada. Uma companhia tem de pensar à frente, tem de atender às necessidades de seus consumidores, imaginando e implantando soluções adequadas. É a capacidade de enxergar fora da caixa, de ver o que nem todos são capazes de ver, de antecipar tendências e movimentos inesperados do mercado. Desses líderes é esperado esse direcionamento.

E não poderíamos deixar de mencionar a questão da tecnologia e de como esses executivos têm de estar próximos das mais novas tendências, além dos impactos que elas podem causar naquele negócio que eles gerenciam.

Com relação à experiência pregressa de cada um, os coachees chegam para os coaches em diferentes estágios. Não raro, em coaching desse nível de executivo para pessoas muito experientes, elas precisam mudar seu comportamento e refletir sobre seu estilo. Um tipo de coachee bem comum é aquele que acabou de ser promovido para o C-Level, principalmente CEOs. Quando podem receber coaching antes ou durante a transição para uma posição como essa, a maioria deles aumenta sua chance de sucesso e mitiga riscos. Muitas coisas são levadas em conta quando se analisa o perfil deles. Trata-se de experiências práticas, de carreira, e não de comportamento ou de estilo. Na prática, é fundamental a análise de questões como: exposição a diferentes tipos de indústria, com algum conhecimento aprofundado em setores específicos; experiência em mais de uma área funcional (financeira, comercial, operações etc.); experiência pregressa no comando de alguma unidade de negócio como um todo, ou uma empresa inteira; vivência em ambientes turbulentos e desafiadores; atuação fora do país, interagindo com diferentes culturas e se adaptando a situações diferentes da usual; experiência em funções com exigência estratégica, contato com Conselhos de Administração, *Boards* etc.; e, ainda, atuação fora da organização como representante dela em fóruns, eventos, entidades e associações de classe.

Quando recebe um coachee, todas essas coisas devem estar na cabeça do coach para ser possível analisar o que de fato o coaching pode fazer por essa pessoa, pois o sucesso dela também é o sucesso do coach.

Por último, gostaríamos de falar sobre atributos. Alguns chamam de *competências*, outros, de *comportamento*, mas o nome não é o mais importante e, sim, a definição que cada um dá para o tema. Em nossa opinião, os atributos são aspectos da personalidade e do comportamento desses executivos que podem ser inatos ou, de alguma forma, aprendidos, mas que precisam ser desenvolvidos. Aqui, vamos aprofundar um pouco mais esses atributos, pois, com grande frequência, são alvos do trabalho de coaching. Alguns deles já citamos no início deste capítulo, mas aqui tomam outra dimensão, mais profunda, mais especial. Vamos lá.

Comunicação

Começamos pela comunicação porque, na prática, percebemos constantemente as falhas que envolvem o processo de se comunicar com outras pessoas.

> Eu não sou uma *expert* em comunicação nem pretendo ser neste momento. Então, antecipadamente, peço perdão se esse tema for descrito de forma diferente do que ele pode conceitualmente ser trabalhado em outras carreiras. Mas, para mim, a comunicação que coloco foco tem: a **primeira impressão** (**empatia**), a **troca** e o **impacto causado**.

No Capítulo 2 deste livro, vimos algumas características que podem assemelhar-se com a empatia e que, obviamente, são fundamentais para qualquer consultor que queira trabalhar com desenvolvimento de pessoas. Entretanto, aqui, trataremos do coachee e de sua relação no trabalho e com seus colaboradores. Theresa Wiseman (1996) descreve quatro atributos da empatia: (1) ser capaz de ver o mundo como os outros o veem; (2) não julgar; (3) compreender os sentimentos de outra pessoa; (4) comunicar a compreensão dos sentimentos dessa pessoa. Outros pesquisadores (incluindo Daniel Goleman, 1995) fazem uma distinção entre empatia cognitiva, ou seja, entender intelectualmente a perspectiva de outra pessoa, e empatia emocional, que envolve uma ressonância emocional com a outra pessoa, sentir o que ela sente.

Não queremos complicar muito o assunto aqui, mas a maneira como o coachee se conecta com o coach, no princípio do trabalho, é absolutamente crítico de ser compreendido. A chance de essa forma de conexão se repetir com as pessoas com as quais o coachee se conecta no dia a dia é enorme. Então, é necessário prestar muita atenção. Ele é simpático? Agradável? Mais fechado? Mais aberto? Rude? Direto ao ponto? Tudo isso é fundamental para esse trabalho de diagnóstico e de colheita que o coach realiza.

O segundo aspecto da comunicação é a troca que o coachee estabelece com o coach. Ele ouve? Ele escuta? São coisas diferentes! Ele dá atenção? Ele faz o coach sentir-se como? Ele engaja o coach com seu discurso? Ele cansa o coach? Ele chateia o coach? Ele aborrece o coach? Tudo isso faz sentido durante o processo com o coachee.

E quando ele foi embora, que impacto deixou no coach? Caso o profissional tivesse de descrever o coachee para alguém, como o faria? Que lembrança ficou? Tudo isso é de suma importância para que o coach compreenda o modo dessa pessoa se comunicar na vida e na empresa.

Coragem

Coragem, conforme a maioria dos dicionários, é a capacidade de agir apesar do medo, do temor e da intimidação. O que também fica ressaltado é que coragem não significa a ausência do medo, mas a ação apesar deste. Temos notado, depois de tantos anos, que coragem é algo essencial para executivos e líderes de negócios. Na verdade, pensamos ser algo crítico em qualquer profissão. Trata-se da coragem de arriscar, de falar a verdade e ser honesto, de comunicar com transparência, de se posicionar, de ser quem se é realmente. Temos observado até a coragem para mudar, reinventar-se, fazer algo novo e diferente. Não é um item fácil de ser trabalhado, mas é fundamental que o coach identifique o que pode ser feito quando se depara com coachees que não têm coragem. Falaremos mais para frente sobre isso, mas é importante a busca dessa característica desde o início dos trabalhos.

Inter-relacionamento e conexão
O atributo inter-relacionamento e conexão diz respeito a quanto uma pessoa é capaz de se conectar com outras pessoas e de manter relacionamentos saudáveis durante sua vida. Mesmo que o coach faça isso do próprio modo, qualquer executivo necessita de conexões para poder vencer. Não é um atributo opcional, é determinante de sucesso.

Capacidade de solucionar problemas
Pode parecer óbvio, mas a capacidade de solucionar problemas requer características como visão ampla de contexto, leitura de ambiente, identificação do problema, análise e partida para a ação. Somente com esses itens já seria possível elaborarmos outro livro inteiro, mas a ideia aqui é apenas dizer a você, leitor, que isso é fundamental não somente para esse nível de executivos, mas também para qualquer profissional. Solucionar problemas é uma das razões do porquê todas as pessoas são pagas para trabalhar não é mesmo? Todos nós.

Autoconhecimento
Autoconhecimento é a capacidade de se interessar por si mesmo, de querer se entender, de desejar crescer como ser humano. Muitos executivos, naturalmente, buscam isso desde o início de suas carreiras, pedem *feedback*, passam por instrumentos de avaliação de perfil pessoal, indagam seus subordinados sobre si mesmos, conversam sobre o tema. Mas há outros que nunca dedicaram tempo a isso. Independentemente de seu sucesso na carreira ou não, certamente podem tornar-se seres humanos melhores se o fizerem. Para aprofundar a reflexão, será que não teriam tido ainda mais sucesso se eles se conhecessem mais profundamente? Todos nós dependemos das relações que construímos, pessoal ou profissionalmente. A pessoa não ter consciência de quem é, de como funciona

ou do impacto que causa no outro significa perder a oportunidade de se tornar melhor, ou de até escolher não querer mudar, mas uma escolha consciente em cima de dados e fatos. A maioria dos coachees está buscando isso e, ao nosso ver, o mínimo que um trabalho de coaching deve prover é uma mais clara consciência de quem se é, como atua e do impacto que causa.

Influência

Influência é uma combinação de atitudes. Primeiro, é a capacidade de se conhecer, depois, de ler ambientes e pessoas e, por último, de se adaptar. Não é possível a uma pessoa influenciar ninguém se não identificar quem ela própria é e quem é o outro, ou do que ele necessita. Sem essa consciência, ela pode até influenciar, mas será algo quase que lotérico, ou seja, que acontece sem controle. A adaptação também é fundamental para que uma pessoa possa interagir com outras pessoas e com o meio ambiente da forma mais impactante possível. Isso não significa ser falso ou agir de forma discordante com os próprios princípios, mas significa a possibilidade de flexibilizar o próprio estilo para atender à demanda alheia. Quem se adapta aos liderados é o líder, e não o oposto, apesar de muitos líderes ainda acharem que, se estão no comando, é dever do outro adaptar-se ao seu estilo. Não é. Quanto antes o executivo descobrir isso, mais cedo será eficiente em sua tarefa de gerir pessoas e negócios.

Autoestima

Deixamos a autoestima por último para fazer uma reflexão mais profunda sobre ela. Na verdade, gostaríamos que ela fosse o primeiro atributo mencionado, dada sua importância e a frequência com que percebemos o impacto que esse tema causa na vida cotidiana de uma pessoa, tanto pessoal quanto profissionalmente. Esse tema é tão complexo que querermos iniciar com a definição encontrada em fontes diversas: *autoestima* é a imagem e a opinião, positiva ou negativa, que cada um tem e faz de si mesmo. Ela é construída a partir das experiências pessoais, das emoções, das crenças, dos comportamentos, da autoimagem e da imagem que os outros têm sobre cada um.

Em psicologia, o tema toma uma dimensão ainda mais complexa. A autoestima inclui uma avaliação subjetiva que uma pessoa faz de si mesma como intrinsecamente positiva ou negativa em algum grau. E isso envolve tanto crenças autossignificantes (por exemplo: "eu sou competente/incompetente", "eu sou admirado ou não sou admirado") quanto emoções autossignificantes associadas (por exemplo: sucesso/fracasso, orgulho/vergonha). Também encontra expressão no comportamento que o indivíduo demonstra (por exemplo: assertividade/temeridade ou triunfo/desespero).

É necessário contextualizar esse aspecto para que você, leitor, possa identificá-lo. No capítulo de prática, voltaremos ao tema para discutir como trabalhar com ele nos processos de coaching.

Quando William James, em 1892, trouxe a definição do que seria o "si mesmo" (Santos, 2017), aludiu ao conhecimento que cada um de nós tem de si próprio. Acontece que esse acontecimento abrange duas instâncias diferentes: uma é nossa autoimagem, que é a instância descritiva do tema; outra é nossa autoestima, que é a instância valorativa do tema. Para complicar ainda um pouco mais a questão, há mais dois termos que são utilizados em nossa sociedade e que se confundem com a autoestima em si. São eles: a *autoconfiança* e a *autoaceitação*. Quando realizamos uma análise mais aprofundada desses dois termos, podemos encontrar sutis diferenças de uso. Geralmente, a autoconfiança refere-se a uma capacidade ou competência pessoal e foi definida por Potreck-Rose e Jacob (2006) como a convicção que uma pessoa tem de ser capaz de realizar algo. Já a autoaceitação é um termo ligado ao conceito de aceitação incondicional, da abordagem centrada na pessoa de Carl Rogers, indicando uma aceitação profunda de si mesmo, das próprias fraquezas e dos erros.

Dessa forma, esses três termos, a **autoestima**, a **autoconfiança** e a **autoaceitação** estão intimamente correlacionados e acabam por interagir e influenciar o funcionamento interno e emocional de um indivíduo, bem como o modo como ele expressará essas questões no mundo externo. É importante a compreensão das diferenças para que o coach possa identificar o real foco de necessidade de cada indivíduo com o qual ele interage.

Muitos autores estudaram e definiram a autoestima. Mais adiante citamos dois deles, Freud e Carl Rogers. No entanto, além deles, há muitas definições sobre a origem, o que é e como se desenvolve a visão de si mesmo. Cremos que o mais importante disso tudo e que é comum na maioria desses autores é o fato de ser formada por um componente interno, uma vivência subjetiva, algo mais inato, e por um componente externo, social, das vivências que um ser humano traz registradas em seu inconsciente.

> A psicanálise e o próprio Freud sempre me atraíram pela profundidade que tratam os temas do comportamento e da mente humana. Do ponto de vista da psicanálise, a autoestima está intimamente relacionada ao desenvolvimento do ego do indivíduo. Sigmund Freud utilizava a palavra alemã *selbstgefühl* para explicar a autoestima. Quem é psicólogo sabe das questões que se relacionam com a tradução da obra de Freud para o português (processo complicado e que trouxe distorções em alguns significados) e da importância de entendermos a origem das palavras que ele utilizou.

Ao tentar decifrar um pouco mais sobre essa palavra, veja o que encontramos (Michaelis, 2021a):

- *selbst* – significa "você mesmo";
- *gefühl* – significa "sentindo".

Freud abordava o tema subdividindo-o em partes: a consciência da pessoa a respeito dela mesma (sentimento de si) e a vivência do próprio valor dentro de um sistema de ideais (sentimento de estima de si). Esse sentimento de estima de si parece ser a base do que Freud tenha utilizado para descrever a autoestima. Pode parecer complexo, mas não é. O que ele afirma é que uma parte desse sentimento da pessoa em relação a si própria é primária, resíduo daquilo que o indivíduo é; a outra parte seria o produto de seus sentimentos quando corroborado pelas experiências na vida; e uma terceira parte, da satisfação de seus desejos e impulsos. Isso significa que Freud entende a autoestima como um sentimento que pode ser incrementado ou transformado pelas experiências vividas pelo indivíduo. Para os coaches, é uma afirmação e tanto. Essa informação ilustra tanto a origem quanto a possibilidade de a autoestima sofrer alguma transformação, seja na intensidade que for, seja da forma que for. Ao mesmo tempo, destacamos a dificuldade que é trabalhar autoestima em processos de coaching. O desafio é enorme *versus* o curto prazo de que o coach dispõe.

Carl Rogers, fundador da psicologia humanista, afirma que a raiz dos problemas de muitas pessoas está no fato de elas se desprezarem e se considerarem sem valor e indignas de serem amadas. Na escola humanista da psicologia, desde Rogers, o conceito de autoestima resume-se no seguinte axioma: Todo ser humano, sem exceção, pelo mero fato do ser, é digno do respeito incondicional dos demais e de si mesmo; merece estimar-se a si mesmo e que lhe estimem.

Rogers também explica que, em nossa sociedade, existem as questões de menos ou mais valia. À medida que crescemos, nossos pais, professores, familiares e as pessoas com as quais convivemos só nos dão o que precisamos quando demonstramos que "merecemos". Talvez sem perceber, as pessoas fazem isso consigo mesmas o tempo todo: pode comer chocolate só quando termina a refeição, pode brincar só depois de estudar, pode descansar somente depois de trabalhar. Ao respeitar essas situações "condicionais", os sujeitos fazem o que Rogers chamava de *recompensa positiva condicionada*. Pensando que, de fato, todos precisam dessas recompensas, esses condicionantes são absolutamente poderosos, e as pessoas transformam-se em seres humanos produto não dos próprios valores pessoais ou orgânicos, mas de uma sociedade que não leva em consideração os interesses reais de cada um. Assim, idealmente, surge o "bom garoto" ou a "boa garota", e não necessariamente um garoto ou uma garota feliz.

À medida que crescemos e o tempo passa, esse condicionamento nos leva a ter uma autoavaliação positiva condicionada. E o que é isso? É o fato de começarmos a querer avaliar, consciente ou inconscientemente, se estamos ou não cumprindo os *standards*, os padrões que os outros aplicam às pessoas, e não se estamos seguindo nossos próprios padrões ou desejos pessoais de evolução. Tendo em vista que esses *standards* não foram criados tomando em consideração as necessidades individuais de cada um, cada vez mais frequentemente as pessoas não conseguem atender às exigências que lhes são impostas e, com isso, o nível de autoestima delas pode ficar comprometido.

Consegue perceber a profundidade e a complexidade do tema? Nossa intenção aqui é propiciar a você, leitor, um pouco de teoria para que possa buscar e explorar, em seus coachees, a origem da falta ou do excesso de autoestima.

Apenas para finalizar o assunto C-Level, queremos compartilhar com vocês o quanto crítico é ajudar uma pessoa desse nível a se admirar, a confiar em si mesma, a não ter fantasias destrutivas todas as vezes que se depara com um acontecimento ou com um comentário específico. É preciso explorar essa questão em todos os coachees, pois ela é de vital importância para que eles operem nesse nível profissional. Há muitos executivos em nível altíssimo nas organizações e que apresentam autoestima baixa. Nessas situações, o que normalmente encontramos é um ser humano performando a um custo pessoal altíssimo, sofrendo mentalmente, questionando-se e lutando para, mesmo assim, atingir resultados e entregar metas acordadas. De fato, verdadeiros heróis corporativos, que pagam com a moeda do sofrimento o direito de "pecar".

3.2 Líderes em geral

Há pessoas em diferentes situações pessoais e profissionais e seria impossível listarmos aqui todas elas, mas tentamos agrupar essas pessoas nos principais grupos possíveis. Iniciamos este capítulo analisando os profissionais em C-Level e, agora, vamos comentar algumas especificidades de outros grupos de coachees.

Na atuação, o coach encontrará líderes em momentos diferentes de suas jornadas. Líderes de primeira viagem, líderes mais experientes, líderes que se tornaram líderes mais novos ou em um momento avançado de idade. Trata-se dos líderes que ainda não atingiram um nível de reporte ao primeiro escalão corporativo. São líderes que, acima de seu nível, ainda têm de dois a mais níveis até chegarem ao CEO ou ao presidente da companhia.

3.2.1 *First-time leader*

A *first-time leader* é, em geral, a primeira posição de liderança que se ocupa. Ela chega quando o profissional já conquistou um pequeno espaço de influência na companhia onde trabalha ou quando, por necessidade imediata, a empresa ali os coloca. Essa posição deveria ser atingida entre 22 e 27 anos, mais ou menos. É claro que essa primeira posição de liderança pode acontecer mais tarde na carreira, dependendo do tipo de organização para a qual se trabalha e o quanto a pessoa é capaz de se destacar dos demais.

Charan, Drotter e Noel (2000), no famoso livro *Pipeline de liderança*, apresentam muito bem essas passagens que os profissionais têm de fazer para crescer na carreira de líderes. Basicamente, o que o coach tem de entender sobre um coachee que acabou de se tornar líder é como este compreende a liderança, seu exercício, sua prática e o conceitual teórico que tem. Um profissional que assume seu primeiro cargo como líder precisa entender que ele não está mais sozinho, ou seja, que ele deixou de fazer tudo diretamente para fazer por meio dos outros. Ele precisa aprender sobre gestão de pessoas, sobre seu planejamento, o quanto tem de dedicar de horas para si próprio e para o manejo do outro. Ele precisa aprender sobre comunicação, leitura de ambientes e pessoas.

Talvez a questão mais delicada aqui é o coach entender, primeiramente, o quanto essa pessoa queria realmente se tornar líder. Há situações em que os coachees chegam para solucionar um problema de uma liderança que eles nem se quer queriam assumir. Acredite, isso é algo bastante comum. Não conseguimos dar, aqui, a solução para cada problema possível que o coach receberá, até porque isso seria impossível. Como dissemos anteriormente, um ser humano é único, e a forma de ajudá-lo também. Nossa intenção é apenas levantar algumas hipóteses para que cada leitor possa buscar literatura específica sobre as situações, assim como apoio de alguém mais experiente se necessitarem. Além de compreender o desejo pessoal daquela pessoa, o coach deve tentar entender o quanto ela realmente foi capaz de se sentar na cadeira de líder. Esse líder se enxerga como tal? Ele é percebido como tal? As questões que o coach enfrentará aqui são, na maioria das vezes, ligadas a esse sentimento de apropriação e, é claro, a alguns conceitos teóricos que muitos desses líderes ainda não adquiriram. E, lembre-se, as empresas não necessariamente preparam as pessoas para serem líderes com antecedência. Arriscaríamos dizer que, quase a totalidade dessas promoções é praticamente um *"on the job training"*, ou seja, esses líderes terão de aprender fazendo, no dia a dia do trabalho, depois que já ganharam a titularidade.

3.2.2 Gestores de pessoas

Aqui nos referimos aos líderes já mais estabelecidos que se encontram no gerenciamento de profissionais que não têm reportes diretos ainda. São aqueles líderes que têm de comandar tarefas, prioridades e cuidar das metas da área. Eles fazem exatamente o que o grupo anterior faz, porém, já estão nessa cadeira há algum tempo. Geralmente, eles estão entre 28 e 33 anos aproximadamente. Com isso, queremos dizer que uma das primeiras coisas que os coaches devem entender é sobre a estrutura que envolve o coachee: Ele tem que tipo de profissional como subordinado? Qual é a estrutura de sua área? A quem ele se reporta? Isso ajudará o coach a colocar o coachee em determinada posição desse *pipeline* de liderança. Nesse grupo estão gerentes mais juniores ou de nível médio. Essas já são posições de liderança em que é necessário ganhar um pouco mais de repertório. Os subordinados tendem a ser de nível mais administrativo ou operacional.

É muito importante que você, leitor, entenda que esta é uma descrição totalmente generalizada. Isso significa que essas definições podem não funcionar exatamente assim para muitas empresas, mas nossa intenção é fornecer uma linha mestra de partida. É justamente da compreensão dessas diferenças que virá o desenho da solução para cada um dos clientes do coach.

3.2.3 Gestores de outros gestores

Aqui há uma mudança absolutamente significativa na vida de um líder, mesmo que ele nem se dê conta disso. Ele passa a assumir uma liderança com mais responsabilidade e amplitude e que exige dele atributos diferentes. Essa posição demanda a gestão de pessoas um pouco mais seniores e maduras ou de profissionais com maior conhecimento técnico. Também exige certa consciência de relacionamento lateral e com outros *stakeholders*. Isso significa que os coaches terão de investigar a consciência que o coachee tem desse papel, como ele faz essa navegação e a leitura que tem dela.

Essa questão de se conectar em 360 graus – ou seja, conectar-se com seus superiores, com seus pares e com seus liderados – é tão crítica que pode ser a causa de muitos deles falharem. São aqueles líderes altamente competentes com sua equipe, mas muitas vezes desconhecidos ou indiferentes para seu entorno lateral e para seus chefes. Essa falha pode lhes custar a estagnação ou simplesmente se tornarem pessoas sem referência para a empresa. Essa migração de alguém que tem só uma equipe para alguém que passa a gerenciar outros líderes, não raro, acontece sem que o coachee se dê conta do que ele passa a fazer parte. Trazer isso à consciência deles, explorar suas tarefas e prioridades e ensiná-los a evoluir faz parte dos processos de coaching. Esses profissionais geralmente chegam nesse nível entre 33 e 40 anos.

3.2.4 Diretores

Um diretor ocupa uma posição de liderança bem mais sênior e robusta. Dependendo da companhia, ela terá mais ou menos força, mas o peso de ser o diretor sempre é grande. Nesse peso está a liderança de líderes, a compreensão dos relacionamentos internos e externos na companhia, uma visão de cultura já clara e, principalmente, o entendimento de como sua área se comporta no todo da organização. Um diretor já tem mais proximidade com a estratégia da empresa, não somente com sua execução, mas sua voz é importante e ouvida na construção dessa jornada de longo prazo. Suas decisões impactam fortemente a organização e, quando mal tomadas, podem causar um estrago significativo.

Mais uma vez queremos chamar sua atenção, leitor, quanto ao cuidado com as titularidades. Elas são diferentes em cada empresa, em cada grupo de empresas, e significam também coisas diferentes. Reforçamos a necessidade de o coach compreender a estrutura onde o coachee está, quem é quem, quantos níveis existem até o alto da cadeia e que responsabilidades são delegadas a esse profissional. Esses líderes costumam atingir tal nível entre 40 e 45 anos aproximadamente.

Depois deles, temos os vice-presidentes já mencionados no início deste capítulo e os presidentes e CEOs. Apenas para completar o quadro, os vice-presidentes chegam ao posto entre 44 e 47 anos, e os CEOs, geralmente, a partir de 45 anos.

3.3 Coachees em transição de carreira

Destacamos esse grupo porque existem coaches que fazem processos de transição de carreira. Esses processos podem ser feitos, mas envolvem questões que não estão previstas em um processo de coaching, como elaboração de currículo, orientação sobre a campanha de recolocação, preparação para entrevistas etc. Os serviços de *outplacement* são muito diferentes de um processo de coaching. É claro que o coach pode dar suporte a pessoas que estão em transição, mas a habilidade requerida aqui pode ser outra. O coach deve compreender como funciona o mercado e, principalmente, entender de carreira. Isso significa ser capaz de avaliar e discutir com o coachee quais são e onde estão as reais possibilidades de solução. Não basta dar-lhes conforto e uma escuta ativa, esse grupo precisa de solução.

Vamos falar adiante sobre a análise da situação de um cliente e o quanto o coach precisa cuidar-se para não aceitar algo simplesmente porque isso significa um cliente a mais. O coach deve sempre se lembrar do quanto consegue de fato ajudar aquela pessoa, pois ela se lembrará do quanto foi ajudada ou não. O coach precisa criar sua reputação com consistência.

> Aprendi com um querido professor de faculdade que, às vezes, na vida é melhor você fazer uma boa indicação do que se aventurar por terrenos desconhecidos e correr o risco de ser lembrado pelo que você não fez mais do que pelo de fato você fez.

Talvez outro ponto relevante aqui seria mencionar quando o coachee perde o emprego no meio do trabalho de coaching. Isso acontece com todos, e o profissional deve lidar com a situação da melhor forma possível. O coach precisa conversar com a empresa que o contratou, tentar saber o que aconteceu, entender ambos os lados. O coach tem de apoiar seu coachee e discutir como ficará o processo de coaching. Cada caso dependerá da forma contratual adotada, da maneira como aconteceu o desligamento e das respectivas razões. Pode acontecer de o coach ter de interromper os trabalhos, pois os objetivos iniciais acordados já não se aplicam mais. Tudo será mais bem resolvido se conversado com todos os envolvidos, de forma aberta, transparente e sincera. Não pode haver receio. A culpa dessa decisão não foi do coach. Claro que, muitas vezes, os coaches podem sentir que falharam e pode ser que deixem de perceber algo a tempo de ajudar, mas também devem ter em mente que os trabalhos de coaching podem acelerar algo que já era inevitável desde o início.

3.4 Empresários

Os donos de seus próprios negócios mereceriam um capítulo a parte, pois, em geral, essas questões são de outra natureza. Há coachees desse gênero em diversos tipos de situação: empresários que começaram o próprio negócio, que cresceu muito, e agora precisam de ajuda para entender seu papel como líder; herdeiros diretos que foram "escalados" para assumir negócios da família e que estão ou não felizes com isso; empresários que venderam suas empresas e que precisam adaptar-se a esse novo mundo corporativo; e empresários de *startups*, geralmente jovens e que se deparam com um mundo de desafios em relação à sua liderança e sentem-se perdidos nesse mar de possibilidades.

Nossa intenção aqui é destacar que uma personalidade assim, que é, foi ou está sendo chamado a ser empresário, difere e muito de um executivo. Há inúmeras diferenças entre entre esses dois tipos, aquele que nasce ou está empresário daquele que nasce ou está executivo. Trouxemos aqui os verbos "ser" e "estar" justamente porque nem sempre os empresários estão porque querem ou, às vezes, são, mas não estão. Aliás, a riqueza desses dois verbos que nos presenteia a língua portuguesa é incrível. Ser e estar são de fundamental compreensão no trabalho de coaching.

Mas, voltando aos empresários, eles são personalidades diferentes. Muitas vezes apreciam arriscar, têm uma autopercepção elevada e "confiam no próprio taco". Gostam de competir e não têm receio de perder. Trazemos essa reflexão aqui porque um processo de coaching para esse público difere e muito do trabalho realizado para uma empresa multinacional, por exemplo. Trata-se do negócio que pertence àquela pessoa ou à sua família, e isso faz uma diferença enorme. Sem juízo de valor e sem qualificar como mais ou menos importante, as implicações aqui são outras.

Um executivo, quando perde seu emprego, pode buscar outro. Processo difícil, mas viável. Um empresário quando perde sua empresa está prejudicando sua família, ou muitas famílias. Pode iniciar outro negócio, mas o caminho é mais longo. Quando começamos um coaching assim, por exemplo, precisamos entender a dinâmica familiar, quem é quem, quem pensa o que, o que está presente nessas relações que não está sendo dito. Também devemos compreender qual o papel daqueles da família que não trabalham no negócio e o que de fato está sendo buscado.

São investigações similares a um coaching de um executivo, porém, a dinâmica deve ser ampliada. O trabalho aqui é diferente. O coach ter a mente aberta, ver as coisas de maneira mais ampliada e, assim, terá maiores chances de obter sucesso.

3.5 Comportamento humano

Vamos terminar este capítulo lembrando que, apesar das diferentes qualificações apresentadas, todos os coachees são seres humanos e, por isso, têm uma base similar. Comportamento humano em psicologia é o conjunto de procedimentos ou reações do indivíduo ao ambiente que o cerca em determinadas circunstâncias, levando em consideração o meio ou contexto em que essa pessoa se encontra. A seguir, podemos observar uma figura que representa esse tema.

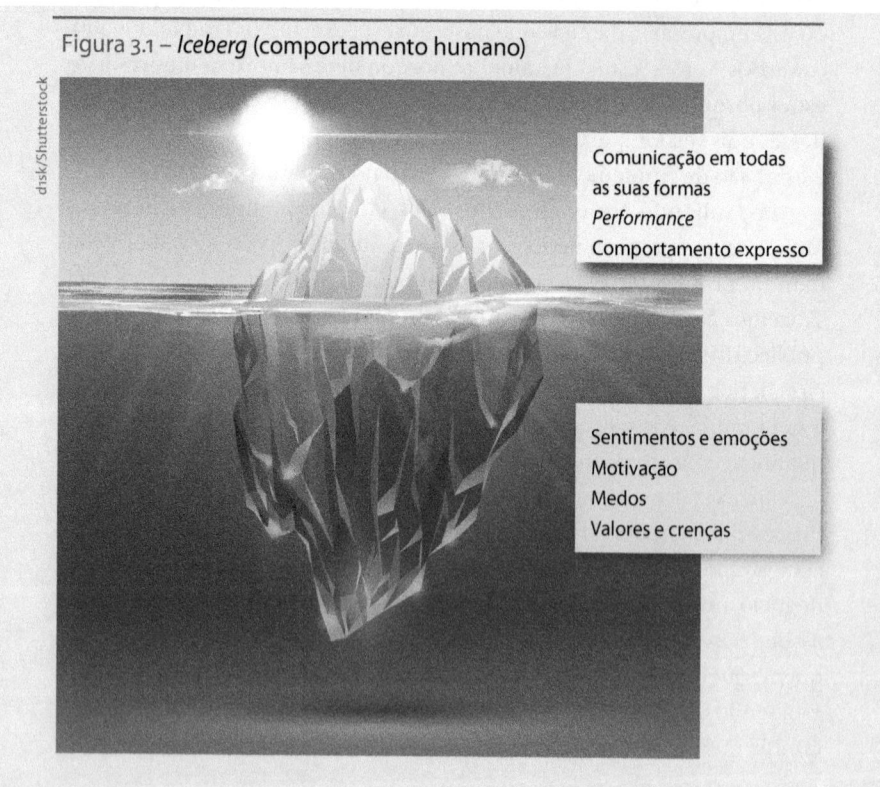

Figura 3.1 – *Iceberg* (comportamento humano)

Comunicação em todas as suas formas
Performance
Comportamento expresso

Sentimentos e emoções
Motivação
Medos
Valores e crenças

Essa figura ilustra algo de que o coach necessita se lembrar o tempo todo quando se trata de seres humanos. Há o que se vê, o comportamento expresso (pensamentos comunicados, percepções divididas, *performance* no mundo real), mas há também aquilo que está escondido, guardado e que somente é dividido quando o indivíduo assim deseja (sentimentos, impressões, emoções, medos, crenças etc.). Um dos erros mais comuns de um coach é achar que "o que se vê é o que se compra". Há muito mais dentro do coachee do que podemos imaginar e, muitas vezes, nem ele imagina. O coach deve sempre se lembrar que cada ser humano tem uma história de vida única, emoções únicas, vivências pregressas específicas e, para dificultar, um nível de autoconhecimento que pode ser alto ou baixo. O coach não pode considerar que já sabe tudo de alguém porque julgou essa pessoa sincera e aberta. Há coisas que até essa pessoa desconhece sobre si mesma.

> Eu, até hoje, acredito que nunca sei nada sobre as pessoas, mesmo aquelas com as quais convivo. Um ser humano é um mar de possibilidades e combinações únicas.

O coach deve ser humilde. O coach deve ser generoso. O coach deve dar a chance de essa pessoa se mostrar a ele, sem julgamentos, sem preconcepções, sem expectativas. Agindo assim, o coach já faz muito mais do que a maioria das pessoas com as quais o coachee convive.

4 Contextos de contratação do coaching

Neste capítulo, abordaremos questões relacionadas ao contexto em que um processo de coaching pode ou deve ser contratado. A análise aqui centra-se na pessoa jurídica, ou seja, quando um empregador decide pela contratação do serviço para um de seus colaboradores. Isso não invalida o fato de que, muitas vezes, os profissionais se movem sozinhos para contratar seus próprios coaches, porém, quando isso acontece, as relações de contexto e contratuais mudam significativamente, pois não há um envolvimento tão forte e presente do chefe imediato e da área de Recursos Humanos das empresas. Também trataremos dos processos de mentoria, a fim de estabelecer a diferenciação entre todos eles. Ao final do capítulo, refletiremos sobre o que acontece, ou deveria acontecer, dentro da organização após a finalização do processo junto ao coachee.

4.1 Quando é necessário um coach externo

Como mencionamos anteriormente, coaches são indivíduos que suportam e contribuem com o desenvolvimento de seus coachees, para que estes últimos naveguem melhor por processos de mudança, gerenciando desafios pessoais e do negócio. Quando esse coach é uma pessoa externa à organização, ou seja, não é funcionário dela, esse processo é chamado de *coaching externo*. Tipicamente, os coaches que participam desse processo já completaram uma vasta gama de cursos de certificação, treinamento e, mais do que tudo, têm uma grande prática no exercício da profissão. A maioria deles atua com executivos e com profissionais C-Level.

Uma das vantagens da contratação de um coach externo é o que denominamos *isenção*. Um profissional externo, que não participa do dia a dia daquela empresa, que não está impactado pelas políticas que ali existem, pode oferecer *feedbacks* mais diretos, positivos ou construtivos, sem se sentir incomodado ou com receio do que isso possa lhe impactar. Seu foco está em ajudar, contribuir para que o coachee e a organização cheguem a uma melhor *performance*. Portanto, enfatiza 100% a pessoa e as relações, e não ganhos pessoais ou preocupações de outra natureza. A possibilidade da criação de uma relação aberta, transparente e sincera faz com o que o processo tome dimensões muito mais amplas e profundas e atinja melhorias significativas de *performance* em um espaço de tempo relativamente pequeno.

Vejamos as principais vantagens da contratação de um coach externo:

- o profissional de coach é experiente e com formação adequada;
- o coach não é impactado por políticas internas ou por características da cultura organizacional;
- o coach viabiliza um ambiente mais confortável e não ameaçador;
- o coachee consegue discutir situações delicadas e verdadeiras;
- o coach oferta *feedback* honesto e fundamental para construção de *performance*;
- o coach é dedicado à tarefa, sendo esse seu trabalho diário

As principais desvantagens da contratação de um coach externo são as seguintes:

- existe um custo envolvido, que pode ser alto, dependendo do escopo do programa e da experiência do coach;
- falta de familiaridade com a organização e seus processos;
- pode haver questões de disponibilidade de agenda do coach;
- algumas mudanças necessárias podem não ser viáveis no contexto em que o coachee se encontra, sendo menos consideradas pelo coach.

No capítulo seguinte, sobre a prática do coaching, nossa ênfase será justamente nos processos externos, quando teremos a oportunidade de nos aprofundar em suas características.

4.2 Quando é necessário um coach interno

Coaching interno é um assunto bem amplo. Aqui, apresentaremos as características desse processo e suas implicações para que o coach possa contribuir com líderes e gestores que querem compreender seu papel em um processo como esse. De forma geral, é esperado de um gestor, a partir de um nível médio ou sênior, seja capaz de agregar o que chamamos de *coaching* em seu repertório como líder. As empresas tendem a prover para esses gestores processos de *feedback* 360 graus e planos de desenvolvimento que incorporam componentes existentes nos processos de coaching. Apesar de todo esse ferramental, as companhias ainda necessitam que um líder consiga organizar todo esse volume de informações e guiar seus subordinados por um caminho de desenvolvimento e melhoria de *performance*.

Muitas empresas não têm um orçamento específico para contratar consultores externos e procuram internamente líderes que possam ter talento natural para exercer esse papel. E é aqui que se inicia uma discussão conceitual bastante complexa. O primeiro ponto é: o coach interno deve ser o líder imediato do coachee. Há uma imensidão de práticas diferentes no mundo corporativo e fica difícil defendermos uma ideia mais do que a outra. Dessa maneira, podemos refletir sobre as vantagens e as desvantagens de cada abordagem.

Quando o coach não é o chefe imediato de um subordinado e um processo formal é estabelecido, pode ser criado um ambiente ou um pouco mais relaxado ou, ao inverso, tenso. Aqui podem acontecer fantasias do quanto aquele conteúdo será compartilhado com o chefe. Uma relação próxima extrema também pode passar a incomodar o chefe direto. Portanto, é preciso muito cuidado no estabelecimento dessa relação. Retornaremos a essa questão quando abordarmos os processos de mentoria. Um dos cuidados necessários aqui, no coaching interno, é que, geralmente, o coach não é um *expert* no assunto e pode correr o risco de transformar o programa em bate-papo mais informal do que direcionado.

Quando o coach é o chefe imediato, ser coach de seus liderados pode parecer mais como uma atitude no dia a dia do que com um processo formal, com começo, meio e fim. Desse modo, a denominação dessa atitude e dessa prática é *leader coach*. Como se trata mais de uma atitude do que um processo, listamos, a seguir, um grupo de comportamentos e ações que podem caracterizar esse líder com foco em desenvolvimento de seus liderados. Portanto, o *leader coach* precisa:

- compreender que ser líder é realizar por meio dos outros na maior parte do tempo;
- preocupar-se em ajudar o outro a fazer e não fazer tudo por si só;
- contribuir para o crescimento de carreira das pessoas;

- compreender e aproveitar ao máximo o potencial de cada indivíduo;
- ser capaz de contratar, desenvolver, treinar e demitir pessoas com efetividade, cuidado e respeito pelo ser humano;
- dar *feedback* e se interessar pelo outro;
- ter autoconhecimento, compreendendo os próprios acertos e erros;
- utilizar tanto a razão quanto a emoção nas doses certas e nas horas corretas;
- ter valores fortes de justiça, ética, comprometimento e respeito;
- ser capaz de tomar decisões justas e boas para o negócio;
- utilizar sua posição de poder para exercer humanidade;
- aprender, aprender e aprender, mas também ensinar, ensinar e ensinar!

E quais são os objetivos práticos de ser um *leader coach*? Na verdade, há diversos objetivos que podem ser identificados em vários contextos e em diferentes organizações, mas a base em comum de todas elas envolve questões como: contribuir para o desenvolvimento de pessoas dentro da empresa, com meta de atingir um futuro com colaboradores mais preparados e felizes; contribuir para o aprendizado coletivo e melhoria de *performance*; desenvolver atitudes e competências que uma pessoa necessita ou que o grupo necessita; capacitar melhor cada colaborador para a tarefa do momento, entre muitas outras dependendo do cenário e do contexto.

Em suma, a necessidade de uma organização ter líderes que exercitam e aplicam o coaching com seus liderados é urgente e constante, constituindo-se em uma prática diária que transforma a liderança de algo gerencial e de comando de processos para algo mais inspiracional e contributivo. Em resposta às demandas atuais de dificuldades econômicas, restrições de *budget* e desafios do negócio, as companhias buscam internamente líderes que possam apoiar outros colaboradores.

Para contribuir com esta reflexão, destacamos, a seguir, os chamados *estágios do desenvolvimento psicológico* desenhados por Richard Barret (2017), um autor britânico que escreve sobre liderança, desenvolvimento, valores, consciência e evolução cultural nos negócios e na sociedade. Ele acredita que as empresas tenham um ciclo evolutivo muito similar ao das pessoas. Baseando-se nos estudos de Maslow, Barret (2017) ressignifica a pirâmide evolutiva, trazendo o conceito de que tanto empresas quanto pessoas evoluem de um estágio inicial físico para um estágio espiritual, considerando, em suas análises, os aspectos emocionais e mentais.

O estágio físico, inicial, representa nossas necessidades básicas, vitais, mas um tanto superficiais, que geralmente estão ligadas à sobrevivência. Quando pensamos nos indivíduos, tratamos de necessidades como se alimentar. Quando falamos das empresas, contemplamos, por exemplo, a necessidade de lucrar. Já nos estágios mais evolutivos, passamos a encontrar a espiritualidade, a criação de legado e a atuação de servir ao outro. Avançando pelos sete estágios, seria possível observar pessoas com senso de significado e organizações com foco em propósitos. Isso não significa que as pessoas não teriam mais foco em sobreviver ou que as companhias não teriam mais foco em lucro, mas que novos significados seriam agregados aos objetivos iniciais.

Os estágios do desenvolvimento psicológico de Richard Barrett (2017) estão descritos na figura a seguir.

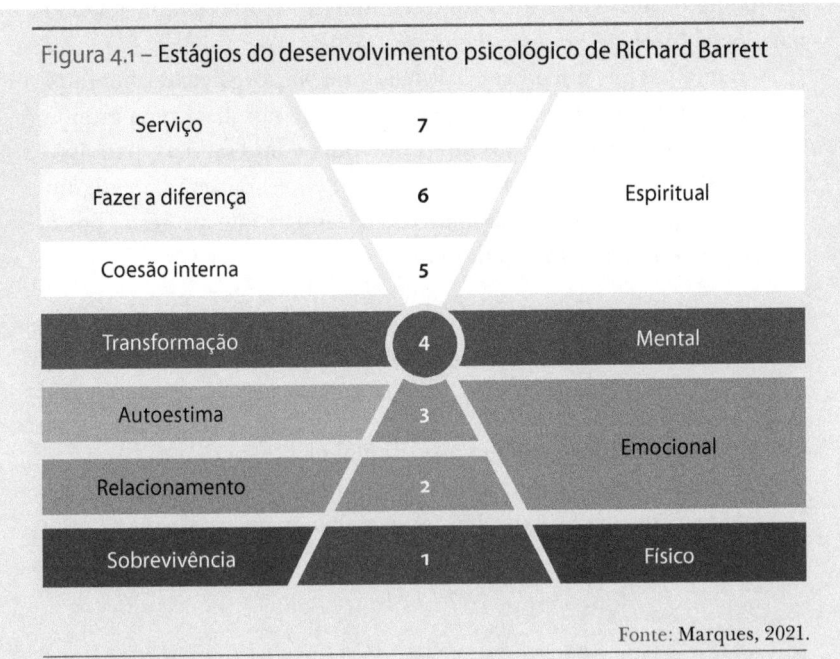

Figura 4.1 – **Estágios do desenvolvimento psicológico de Richard Barrett**

Nível	Estágio	Dimensão
7	Serviço	Espiritual
6	Fazer a diferença	Espiritual
5	Coesão interna	Espiritual
4	Transformação	Mental
3	Autoestima	Emocional
2	Relacionamento	Emocional
1	Sobrevivência	Físico

Fonte: Marques, 2021.

Ao analisar o esquema, acreditamos que ele possa ser útil como um guia de diagnóstico para que o líder possa identificar em que ponto seu liderado está no momento e, olhando o estágio seguinte, a que ponto o coachee pode chegar no curto prazo. Isso é vital para um processo de aconselhamento, ou seja, não adianta pensarmos que uma pessoa sairá, em um curto espaço de tempo, de um estágio de sobrevivência para um estágio, por exemplo, de coesão interna, ou que um liderado que já está no estágio de transformação se sentirá satisfeito com um processo de coaching centrado apenas na sobrevivência ou no relacionamento. Dependendo do "paciente", há um medicamento mais adequado.

4.3 Mentoria

Obviamente, precisaríamos de um livro inteiro para falar de mentoria, tendo em vista a complexidade, a profundidade e a importância do tema. Dessa forma, selecionamos alguns aspectos relevantes sobre mentoria que podem contribuir para a compreensão desse processo, bem como para a condução dele dentro das organizações.

Acreditamos que um processo de mentoria bem organizado, bem aplicado e realizado com critério e qualidade pode significar uma grande força no desenvolvimento dos líderes de uma empresa, mas, para isso, seria melhor que a empresa tivesse o apoio externo, isento, de algum parceiro. Vejamos, a seguir, algumas diretrizes para que um gestor possa exercer mentoria a algum mentorado.

4.3.1 Características do processo de mentoria

As principais características do processo de mentoria são as seguintes:

- Assessoramento, no qual um profissional mais experiente (excluindo o gestor direto como possibilidade de ser o mentor) orienta, compartilha experiências e conhecimentos pessoais e profissionais.

- Foco em conhecer um novo ponto de vista a partir da vivência de um profissional mais experiente.
- Orientação para o futuro da carreira e o desenvolvimento do indivíduo, tanto pessoal como profissional.

Apenas para ilustrar, ao passo que o coaching é um processo de reflexão e que trata diretamente da *performance* atual do profissional, a mentoria é um processo de compartilhamento de experiências e conhecimentos e tem objetivo de desenvolvimento do futuro da carreira.

4.3.2 Papéis e responsabilidades de um mentor

O mentor deve:

- propiciar um ambiente que facilite a aprendizagem;
- acelerar o entendimento da cultura, das políticas, das estratégias e do futuro da organização;
- auxiliar na compreensão das necessidades pessoais e profissionais, atuais e futuras do mentorado;
- explorar as experiências e os conhecimentos do indivíduo (mentorado) na busca pela solução de suas questões;
- incentivar a tomada de decisão e a coragem de posicionamento;
- compreender e estimular o potencial do indivíduo;
- definir um programa com começo, meio e fim, em que se estabeleça em conjunto agenda e periodicidade dos encontros;
- manter sigilo das informações recebidas.

É aconselhável que o mentor não realize as seguintes ações:

- atuar como "padrinho" do mentorado, ou seja, defendê-lo, destacá-lo, exaltá-lo de maneira expositiva ou imprópria;
- dividir informações confidenciais a pessoas do mesmo nível hierárquico do mentorado;
- conceder privilégios;
- tornar os encontros um bate-papo entre amigos ou conversas sobre outras pessoas.

4.3.3 Self-assessment

Em que momento podemos nos tornar mentores de outras pessoas? Aqui, existem três itens a serem considerados: (1) *expertise*; (2) qualidade e amplitude das relações que mantemos e (3) algumas características pessoais.

A seguir, apresentamos uma pequena lista de perguntas que um "candidato" a mentor pode se fazer para analisar suas forças e seus pontos de atenção para se tornar mentor de alguém. É importante se qualificar adequadamente quando o assunto em jogo é orientar alguém sobre alguma coisa.

Self-assessment **para prontidão na atuação como mentor**
Com relação à *expertise*, o coach deve fazer ao profissional interessado em ser líder perguntas do seguinte tipo:

- Você tem profundidade de conhecimento técnico em uma área funcional que é reconhecida por outros gerentes e líderes da organização?
- Você consegue pensar nas melhores formas de solucionar problemas nessa área de *expertise*, coisas que deram ou não deram certo em seu passado profissional?
- Você entende do setor, da indústria e do mercado onde a organização está inserida? Está atualizado sobre isso?
- Você conhece os clientes dessa organização? Sabe o que desejam e como avaliam a empresa?
- Você está atualizado sobre a estratégia corporativa? Missão? Valores? Futuro?

Sobre relacionamento, o coach deve fazer ao profissional interessado em ser líder perguntas do seguinte tipo:

- Como você se conecta com as pessoas?
- Você já tem uma rede de relacionamentos interna estabelecida?
- Você já tem uma rede de relacionamentos externa estabelecida?
- Você é capaz de acessar com facilidade pessoas de diferentes níveis da organização, desde os níveis mais iniciais até os seniores?
- Você considera ter uma influência forte com seus pares e chefes?

A respeito das características pessoais, as perguntas são as que seguem:

- Sua escuta ativa é desenvolvida? Você gosta de ouvir as pessoas e suas histórias? É paciente nesse sentido?
- Você se preocupa com o desenvolvimento de outras pessoas?
- Você aprecia dar e receber *feedback*? Consegue conversar sobre situações difíceis de maneira equilibrada?
- Você guarda segredos?
- Você confia na própria capacidade de ser útil para outra pessoa?

Quando alguém deseja ser mentor, as respostas a essas questões precisam ser analisadas e refletidas pelo próprio gestor. Quando o mentor tem dúvidas sobre algumas delas, é preciso ter cautela na decisão. Não significa que o mentor precise ter todo o detalhamento das informações para ser efetivo, mas esses são pontos importantíssimos e que ajudarão no processo.

4.3.4 Benefícios de ser um mentor

Uma vez decidido seguir com o processo, é importante lembrar que, muitas vezes, quando estamos no papel de ensinar, recebemos de volta tantas coisas que fica difícil escolher quem mais aprendeu no processo, se professor ou aluno. Por isso, nesta seção, vamos destacar os benefícios de ser mentor para sua reflexão:

- gerar uma sensação de satisfação em usar experiência e conhecimento para ajudar outra pessoa a crescer e ter sucesso profissionalmente;
- descobrir novas perspectivas e "refrescar" o olhar sobre a organização em que se trabalha;
- participar da transferência importante de conhecimento organizacional;
- ampliar a própria rede de relacionamento;
- aprender, com os mais jovens, novas formas de encarar uma situação;
- entender se é ou não eficaz a maneira de comunicação com os outros;

- aprender a se adaptar a estilos diferentes de mentorados;
- perceber o que motiva ou não cada pessoa e entender que cada ser humano é único e diferente;
- contribuir para a evolução tanto da pessoa quanto da organização.

4.3.5 A importância do tempo na relação de *mentoring*

A seguir, destacamos um gráfico que mostra dois tempos que podem ser disponibilizados: o tempo emocional e o tempo físico.

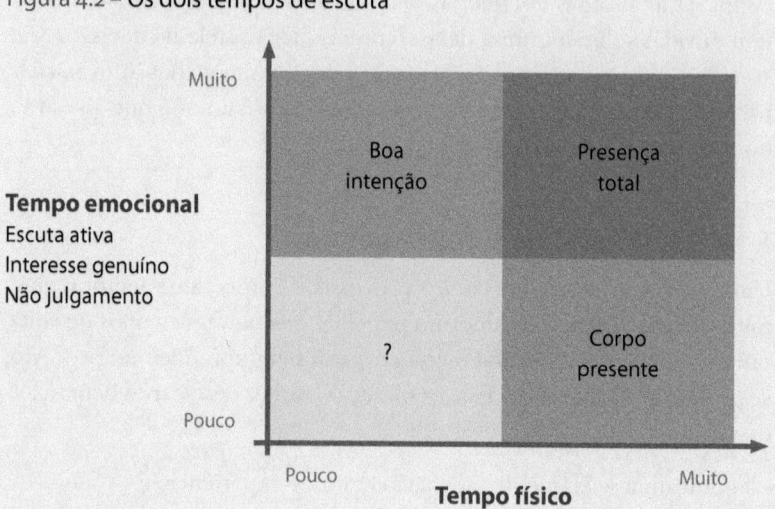

Figura 4.2 – Os dois tempos de escuta

Tempo emocional
Escuta ativa
Interesse genuíno
Não julgamento

	Pouco	Muito
Muito	Boa intenção	Presença total
Pouco	?	Corpo presente

Tempo físico

Esse é um gráfico elaborado pela autora deste livro e que é utilizado com grande frequência para explicar aos profissionais a questão da escuta ativa. Quando ouvimos qualquer pessoa sobre qualquer assunto, como ser humano, temos disponíveis dois recursos: um físico e um emocional. O recurso físico é nossa capacidade física de ouvir, e o recurso emocional é nossa disponibilidade interior para processar o conteúdo do que estamos ouvindo, além de compreender e, quando necessário, fazer algum comentário para o interlocutor. Quando os dois recursos estão na potência máxima, a presença da pessoa é total, e a escuta é interessada, ou seja, é ativa. Há situações em que apenas o recurso físico está em funcionamento, ou seja, a pessoa está ali, de frente para seu interlocutor, olhando para ele e ouvindo-o sem interesse genuíno ou atenção concentrada. Muitas vezes, isso não é perceptível a outra pessoa. A essa escuta podemos chamar de *estado de corpo presente*, porque é exatamente o que significa. A pessoa está ali, mas não está. Tem gestores que, naturalmente, tem a habilidade de ouvir, com interesse e comprometimento, porém suas agendas são absolutas tomadas, gerando uma completa falta de tempo físico. Isso pode ser chamado de *boa intenção*, ou seja, o gestor poderia estar ali disponível, inteiro, mas não tem tempo para isso.

Dessa forma, a escuta total e plena depende e precisa de tempo de relógio e de tempo emocional. O coach precisa estar ali para o outro, de corpo e de alma. É esse "estado" que lhe permitirá oferecer sua visão e seu aconselhamento. Esse esquema serve tanto para trabalhos de mentoria quanto de coaching, de counseling, e até os processos terapêuticos. Sem esse tipo de escuta, o mentor perde efetividade e oportunidade de contribuir com aquela pessoa que está sentada à sua frente.

Mentoring é menos sobre técnica e mais sobre causar um impacto em um indivíduo, pois o tempo investido é destinado a compartilhar experiências, fazendo com que ele se sinta valorizado e compreendido, de modo a acreditar em seus próprios recursos.

4.3.6 Estilos de *mentoring*

Os mentores utilizam, no mínimo, dois estilos diferentes para conduzir seus trabalhos. A escolha de qual estilo usar depende de suas experiências anteriores de vida e carreira, de seu estilo pessoal e da opção que mais denotar segurança na execução das sessões.

Vejamos, a seguir, cada um dos estilos.

- Pode atuar de forma diretiva e impulsionar, o que, na prática, significa:
  - fazer recomendações específicas;
  - transmitir conhecimentos;
  - direcionar sobre áreas que demandam atenção;
  - solucionar problemas com dicas e experiência própria;

- Pode atuar como um facilitador, que significa:
  - fazer perguntas;
  - incentivar a autorreflexão;
  - delegar escolhas ao mentorado;
  - apoiar e incentivar a resolução dos problemas.

4.3.7 Ideias e referências de perguntas ou estímulos à reflexão

Para mentores que ainda estão no início de suas jornadas, há algumas dicas, ou questões, que podem ajudar na condução dos processos de mentoria, principalmente para nortear os mentorados em suas reflexões.

Separamos essas sugestões em quatro diferentes grupos de questionamentos: (1) contexto; (2) consequências; (3) pressupostos; (4) história pregressa.

- Contexto:
  - "Como isso se compara com os outros?"
  - "Como isso contribuirá para...?"
  - "Como isso se encaixa em...?"
  - "Como isso afetará seus *stakeholders*...?"
  - "Como isso será visto por...?"
  - "O que isso fará por você?"
  - "Que tipo de apoio você obterá de...?"
  - "Quão sustentável é isso a longo prazo?"
  - "Como isso está alinhado com...?"
  - "Como isso atingirá seus objetivos?"
  - "Qual é o propósito?"
  - "Qual é o contexto?"
- Consequências:
  - "Qual seria o impacto da...?"
  - "Como você lida com...?"
  - "O que você espera que aconteça?"
  - "Como você se sentirá?"
  - "O que é o melhor/pior que poderia acontecer?"
  - "Como você lida com isso?"

- "Qual seria o resultado se você...?"
- "Como isso afeta você?"
- "O que você poderia fazer sobre isso?"
♦ Pressupostos:
  - "Quais são suas razões para pensar que...?"
  - "Por que você pensa isso?"
  - "O que faz você dizer/pensar/sentir isso?"
  - "Qual é sua evidência?"
  - "Se você fizer isso, o que você acha que vai acontecer?"
  - "Por que você pensa isso?"
  - "Como você está certo de que isso será bem-sucedido?"
  - "Qual é sua evidência para isso?"
  - "O que os outros pensam?"
  - "Como você sabe?"
♦ História pregressa:
  - "Que experiência você tem?"
  - "Como os outros tem lidado com isso?"
  - "O que funcionou para você no passado?"
  - "Quais paralelos você pode desenhar?"
  - "Você já teve desafios como esse antes?"
  - "Como você lidou com isso?"
  - "O que você aprendeu?"
  - "O que mais ajudou você?"
  - "O que pode ter sido um impedimento?"
  - "O que você não tentou ainda?"

4.3.8 Finalizando o processo de mentoria

Todo processo, de coaching, de mentoria ou de aconselhamento, tem de ter um começo, um meio e, principalmente, um fim. É o momento de resgatar os objetivos pelos quais o processo foi iniciado, como transcorreu, quais objetivos foram atingidos, que ações foram realizadas em conjunto e em que ponto o mentor e o mentorado estão ao se finalizar o processo.

É importante ressaltar que um processo estruturado traz vantagens a ambos, mentor e mentorado. Contribui muito para essa etapa reforçar as conquistas do mentorado, garantir que ele leve o patrimônio conquistado para a vida, destacando a capacidade que ele demonstrou na superação dos desafios.

Resumidamente, trata-se de:

- balanço geral de como foi o plano de desenvolvimento, pontos positivos e o que ainda precisa ser melhorado;
- principais realizações a serem comemoradas;
- lições aprendidas no processo de desenvolvimento;
- principais contribuições que cada um fez e que levaram ao sucesso;
- principais obstáculos encontrados e como eles foram superados pelos envolvidos.

4.4 Contratação dos serviços de coaching

O ponto central desta seção é trazermos reflexões sobre o que deve ser analisado por uma companhia, uma entidade jurídica, quando decide contratar um serviço de coaching externo para um de seus colaboradores. Claro que a maioria das observações contribuem com a análise de contratação de um coach por uma pessoa física, mas não é esse exatamente o foco escolhido aqui.

4.4.1 Situações corporativas em que um coaching pode contribuir

Há inúmeras situações em que as empresas consideram a contratação de um coach externo. As situações, em geral, envolvem questões pontuais, como *performance*, relacionamentos internos específicos com superiores, pares ou subordinados, comportamentos que confrontam a cultura de uma organização ou que estejam criando conflitos ou problemas, reflexões sobre futuro de carreira, aceleração do desenvolvimento de profissionais com alto potencial, entre outras.

O importante aqui é que o contratado saiba identificar os objetivos finais daquela contratação, o que o coach como empresa quer atingir e possa comunicar e discutir isso com os profissionais escolhidos para a prestação de serviços. São fundamentais, portanto, a compreensão e a discussão. Destacamos, a seguir, algumas das características dessa contratação para que tanto a companhia quanto o consultor possam se alinhar sobre os trabalhos a serem realizados

- **Coaching não é terapia** – Coaches podem ser psicólogos ou psicoterapeutas, mas o objetivo do trabalho é o foco nas questões profissionais. É claro que podem surgir discussões sobre a vida pessoal do coachee, mas o objetivo é ajudá-lo em algo pontual dentro da organização ou em sua carreira profissional. Assim, em um trabalho de coaching, o contratado não se volta à saúde mental da pessoa, e sim aos comportamentos expressos que essa pessoa está demonstrando na empresa. Um coach sem compreensão do que acontece dentro de uma organização pode tender a considerar somente aspectos emocionais, dificultando a chegada à solução almejada.
- **O processo é individual** – O processo de coaching é um processo entre coaches e coachees. Um trabalho de conexão íntimo e particular. As empresas com setor de Recursos Humanos evoluído e que já utilizam esse processo de maneira corriqueira, sabem da necessidade de sigilo e confidencialidade sobre os assuntos discutidos.[1]
- **O prazo e os objetivos são definidos a princípio** – Como destacamos anteriormente, o coaching tem começo, meio e fim, e o que se quer atingir é definido em conjunto com a companhia.
- **A companhia tem direito a receber um relatório genérico sobre o que já foi cumprido com o coachee, e não sobre o conteúdo das sessões** – Conversas diretas com o chefe imediato ou com o setor de Recursos Humanos podem ser realizadas com a presença ou com o conhecimento do coachee. Conversas "escondidas" podem gerar fantasias no coachee e estragar a relação de confiança estabelecida. O coach deve ter cuidado com isso.

---

1 Existe, atualmente, o que chamamos de *team-coaching*, mas esse é um processo totalmente diverso, o qual abordaremos no Capítulo 5 deste livro.

4.4.2 Sobre o profissional que presta serviços de coaching

Neste ponto, o assunto torna-se um pouco mais complexo e o que vou dividir com vocês é uma opinião pessoal, que pode ter a concordância ou não de outros profissionais de mercado, mas que tem se mostrado verdadeira depois desses 32 anos atuando no segmento de consultoria e atendimento de pessoas para orientação profissional.

Tenho encontrado coaches que vêm de formações diversas, como psicologia, pedagogia, medicina, engenharia, administração, direito, entre outras. O que percebo é que os estudos sobre comportamento humano fazem falta para quem não tem formações mais voltadas às áreas humanas. Os cursos de certificação em coaching contribuem para essa complementação. Mas, atenção, é preciso saber escolher esse tipo de curso. Evite cursos rápidos, que duram 3 ou 4 dias. Procure cursos mais longos, com troca de experiências, em entidades de renome. Pesquise referências. Não acredite que, do dia para a noite, você estará pronto para sentar-se em uma sala com alguém e dar conselhos de vida e carreira. Essa tarefa é difícil e exige conhecimento.

A experiência executiva ajuda muito. Uma pessoa que já passou por situações similares àquelas que vai discutir com seus clientes está, geralmente, mais preparada para esse aconselhamento. No entanto, apenas experiência executiva pregressa não basta. Acredite, se o coach não entender de comportamento humano, corre o risco de dar conselhos ou sugestões que foram importantes para ele, mas que muitos dos coachees não conseguirão executar por diversas razões. Os níveis atingidos nessa experiência executiva também fazem diferença na prática do coaching, ou seja, aconselhar alguém de um nível executivo muito acima dos atingidos pelos coach pode ser difícil. Uma forma de superar esse *gap* é pela prática. Caso o coach venha a adquirir muitos anos de prática, provavelmente conseguirá superar esse aspecto, pois adquire experiência no convívio e na troca com coachees de nível mais alto.

Ter a capacidade de ouvir sem julgar, refletir sobre o conteúdo e devolver a reflexão para o coachee é extremamente importante. Geralmente, psicólogos ganham aqui uma vantagem por serem treinados a fazer isso durante os anos de sua formação.

Muitas vezes, nessa prática, os credenciados em coaching são organizados por horas de experiência. Há uma definição da International Coaching Federation (ICF), que organiza os credenciados em três níveis: (1) 100 horas; (2) 750 horas; (3) 2.500 horas de atuação – estes últimos são chamados de *master coaches*.

Todos os coachs precisam estudar continuamente, pois do contrário os conhecimentos ficam obsoletos, como ocorre em outras áreas.

Quanto mais conhecimento um coach ganha na área da psicologia mais conseguirá um grande aliado para seu trabalho. Esperamos que isso não seja desprezado ou negligenciado por esses profissionais. Além disso, pedir referências para um coach que está sendo contratado pela primeira vez é importante, pois ajuda a entender o estilo de trabalho e os resultados obtidos por esse profissional.

Por fim, o coach, como empresa, pode analisar o cruzamento entre estilo e perfil de coach e coachee. Isso pode fazer uma grande diferença no processo.

4.4.3 Sobre o contrato

Os contratos de coaching podem variar muito de profissional para profissional. Há aqueles que trabalham apenas com uma proposta, na qual o cliente dá seu "de acordo". Há companhias que precisam de um contrato com estilo mais jurídico. O mais importante aqui é que, nesse documento, sejam descritos os dados do programa, como duração, número de sessões, etapas, instrumentos de avaliação que serão utilizados e quem proverá o coaching. Um contrato simples e claro funciona melhor do que algo muito difícil e complicado. Algumas premissas também devem ser previstas, como: interrupção do programa por parte do cliente; possibilidade de continuidade; regras de cancelamento das sessões; relatórios que serão entregues à empresa; ou ainda qualquer outra premissa que se julgue necessária para cada caso específico.

4.5 Pós-coaching dentro da organização

Uma das questões que também consideramos relevante é a forma como os processos são finalizados. É muito importante existir uma conversa final entre a empresa, o coach e o coachee para discutir os resultados atingidos e como o profissional irá continuar seu desenvolvimento agora sem o apoio direto de seu coach. Essa finalização garante qualidade tanto à empresa quanto ao coachee, assim como ao próprio coach. O coach não deve deixar processos em aberto, sem discussão e registro final do que foi feito, quando e como foi feito e as conclusões em relação aos comportamentos que teriam de ser trabalhados. É recomendável que o coach mantenha seus registros. Os psicólogos ainda precisam manter esses registros por até cinco anos. É de suma importância ter registros das discussões e dos avanços, bem como dados dos programas. Há situações em que as empresas-cliente solicitam dados de programas depois de muitos anos de seu término. Os profissionais devem arquivar os dados das pessoas de maneira sigilosa e segura. É melhor ter e não precisar do que o contrário, não é mesmo? Um coach desorganizado causa uma péssima impressão para os clientes.

5 A prática do coaching

Consideramos este o capítulo central deste livro e nele vamos compartilhar com você, leitor, algumas técnicas, ideias e *insights* sobre a prática dos processos de coaching. Optamos por dividir o conteúdo em algumas etapas para facilitar a didática do processo, mas é importante lembrar que esse é um processo fluido e que a sequência escolhida para descrevê-lo pode eventualmente se alterar quando praticada.

Apenas para reforçar, esse tipo de processo exige aprender conceitos, praticar, estudar, praticar, questionar-se, praticar e praticar e praticar. Sem vivenciar projetos e sem atuar como um coach, somente a teoria será em vão. E, lembre-se, o coach vai errar, vai corrigir e vai aprender inúmeras vezes. Ele deve ser fiel ao que acredita, aos próprios valores e princípios e a alguma metodologia, seja ela qual for. É sempre importante buscar apoio nos conceitos e princípios das metodologias seguidas. E, acima de tudo, o coach deve compreender que é humano e, por isso, tem história de vida única, sentimentos, opiniões e dúvidas que, de alguma forma, estão presentes com ele na prática do coaching. O importante não é que ele não negue isso, mas que aprenda com ele próprio. Ele é falível. Deve corrigir o que errou e seguir em frente. Quando uma pessoa está bem intencionada, os outros perceberão. E reconhecerão o esforço. Existem muitas maneiras de estruturar um processo de coaching Descrevemos, no quadro a seguir, essa estruturação e em que capítulo deste livro você, leitor, encontrará informações mais detalhadas sobre cada fase:

Quadro 5.1 – **Estruturação de um processo de coaching**

Fase	Descrição	Capítulo em que aparece
1	Primeiro contato com a empresa/cliente e identificação da necessidade	7
2	Entrevista de química	5
3	Envio da proposta e negociação contratual	7
4	Início do processo	5
5	Mapeamento	5
6	Sessões	5
7	Finalização	5

5.1 A entrevista de química

Quando uma companhia decide ofertar um projeto de coaching a um de seus colaboradores, é comum que, a esse colaborador, seja ofertado a possibilidade de conhecer e conversar com diferentes tipos de profissionais, em torno de duas a três pessoas, para que possa verificar com qual deles a química pessoal fica mais evidente e é mais facilmente estabelecida. Isso é normal quando a opção é por profissionais autônomos, como médicos, dentistas, advogados, terapeutas. Essa questão é importante para ambos os lados. Normalmente, quem está "escolhendo" é o coachee, mas, de alguma forma, os coaches também devem estar atentos para essa escolha, ou seja, fazer a si mesmo perguntas como: "Posso realmente ajudar essa pessoa?"; "Tenho o perfil mais adequado para ajudar essa pessoa a evoluir?". Muitas vezes, o coach "cai na tentação" de aceitar coachees para poder praticar ou até pelas questões monetárias, mas deve haver cuidado, pois um processo que não evoluiu pode custar ao coach bem mais caro ao final.

Essa é uma conversa aberta, em que o coach não sabe exatamente onde irá chegar ou que conteúdo irá obter. Aliás, isso acaba acontecendo com esse processo como um todo. Isso significa que, para ser coach, é necessário se sentir confortável com conversas abertas, sem uma pauta rígida e onde, na verdade, quem comanda o "show" do conteúdo é o coachee. O coach apenas direciona, reflete e ajuda o coachee a concluir.

Em um mundo em que o tempo é um recurso escasso, tanto um coach quanto um coachee querem, por natureza, maximizar o tempo que estão juntos e a eficiência do que estão construindo. Por isso, e principalmente nessa sessão de química, a sensação de tempo desperdiçado pode ser muito ruim. Assim, é importante que o coache tenha a preocupação de não falar sobre diversas coisas e acabar esquecendo dos pontos principais a serem conversados.

Os coaches devem pensar e definir, antecipadamente a qualquer sessão de coaching, uma pequena lista de itens a seguir, do começo ao fim da sessão. Isso ajuda o coach a planejar o tempo, garantindo que todos os assuntos sejam abordados. Além de pensar, é importante comunicar ao coachee essa pequena estruturação para que ele saiba o que vai acontecer e para que possa incluir algum tópico que deseje.

Existe uma estrutura básica para todas as sessões e também para a entrevista de química. O quadro a seguir apresenta um resumo dos itens e dos tempos aproximados para a sessão de química.

Quadro 5.2 – **Estruturação de uma entrevista de química**

Item	Tempo aproximado por etapa
Rapport + contrato de confidencialidade	5 minutos
Breve apresentação pessoal do coach e de suas credenciais	5 minutos
Identificação dos motivos que trouxeram o coachee até a empresa	5 minutos
Contexto atual	20 minutos
Sobre o processo de coaching	10 minutos
Dúvidas eventuais que o coachee tenha ou perguntas que queira fazer	10 minutos
Finalização e próximos passos	5 minutos

5.1.1 *Rapport* e contrato de confidencialidade

O *rapport* é um conceito do ramo da psicologia. Trata-se de uma técnica usada para criar uma ligação de sintonia e empatia com outra pessoa. Psicólogos sabem o quanto ele é importante para que o profissional estabeleça a primeira conexão com uma pessoa com a qual nunca se encontrou e com a qual agora está dividindo um espaço físico ou virtual[1].

A palavra *rapport* tem origem no termo francês *rapporter*, que significa "trazer de volta" (Michaelis, 2021b). O *rapport* ocorre quando existe uma sensação de sincronização entre duas ou mais pessoas, porque elas se relacionam de forma agradável. No contexto teórico, o *rapport* inclui três componentes comportamentais: (1) atenção mútua; (2) positividade mútua; (3) coordenação.

O *rapport* pode ser usado no contexto dos relacionamentos tanto pessoais quanto profissionais. Estabelecer um bom *rapport* contribui para criar laços de compreensão entre dois ou mais indivíduos. A intenção

---

[1] Mais adiante, trataremos dos processos de coaching executados virtualmente.

aqui é se conectar genuinamente com o outro. Assim que encontrar o coachee pela primeira vez, o coach pode perguntar algo informal, comentar sobre o tempo ou sobre algo que esteja acontecendo no momento. Uma conversa inicial ajuda a "quebrar o gelo". Apenas deve haver cuidado para que isso não se estenda para além de uns cinco minutos, no máximo. O coach deve ter em mente que a administração do tempo de qualquer sessão cabe a ele.

O contrato de confidencialidade é a base de qualquer programa de coaching. Ele deve ser estabelecido tanto com o coachee quanto com a empresa cliente. É necessário que o coach explique isso ao seu coachee, explicite os materiais que serão utilizados no processo e o que de fato será reportado à empresa-cliente[2]. É importante que o coach comunique que as conversas são absolutamente confidenciais e que os eventuais relatórios oferecidos ao empregador são relatórios funcionais que explicitam o número de sessões realizadas e a metodologia usada. Também é fundamental explicar que, caso a companhia queira informações sobre o conteúdo das sessões (o que não é usual), o coachee será informado para que seja decidido em conjunto o que será compartilhado. Outro ponto é o coach combinar com o coachee que, caso o chefe imediato procure o coach para qualquer esclarecimento, o coachee será avisado antes para ser discutida a questão. Todos esses itens são também combinados com a empresa-cliente. Isso é crítico para a criação de relações de confiança e para o sucesso do programa. Qualquer quebra nesse contrato provavelmente inviabilizará sua continuidade.

5.1.2 Breve apresentação pessoal do coach e de suas credenciais

Apresente-se no início da sessão. Fale de sua formação, do porquê escolheu ser psicóloga e do porquê aprecia conduzir processos de coaching. Conte sua trajetória profissional, informe suas certificações e o número de anos que atua como coach. Essa parte é bem difícil para coachs em início de carreira, principalmente os mais jovens, mas não é um impeditivo para iniciar o processo, apenas um dificultador no caso de coachees

---

2   No Capítulo 7 deste livro, você pode encontrar mais detalhes sobre os relatórios usualmente oferecidos.

seniores e que estejam esperando alguém com mais vivência. No entanto, esse não é o principal item na escolha dos coachees, pois todos nós iniciamos nossas carreiras um dia em nossa história. Quando você acredita que é capaz, e está genuinamente disposto a ajudar, seus coachees vão perceber a verdade em sua fala.

5.1.3 Identificação dos motivos que trazem o coachee até o coach

Nesse momento da entrevista, mesmo que o coach já tenha ouvido algum contexto do porquê o coachee está ali, é importante deixá-lo falar. O coach deve ouvir o que vem da comunicação do coachee, pensar o quanto esse conteúdo está alinhado com o que a empresa-cliente ou com aquilo que o chefe imediato do colaborador informou. Caso haja dissonâncias nessas percepções, é importante que o coach tente, com cuidado, perguntar mais sobre as razões, explorá-las. Às vezes se trata apenas de uma forma diferente de trazer a mesma questão, ou, se realmente houver grandes diferenças dos reais motivos, talvez seja o caso de o coach retornar ao profissional de Recursos Humanos da organização e discutir essa percepção. O coach deve lembrar-se de guardar sigilo sobre o que ouviu. Focar a discussão na preocupação com a diferença de percepções.

Outro ponto relevante é compreender objetivos. O coach precisa perguntar o que o coachee quer atingir com o processo. Muitas vezes, os coachees têm dificuldade em tornar tangível esses objetivos. Uma forma para ajudá-los é perguntar: "Imagine que seu programa terminou, o que você gostaria que tivesse mudado em você ou em sua vida profissional?". Isso facilita muito a resposta e a compreensão, por parte do coach, se a visão do coachee é realista e executável por meio de um processo de coaching. Caso não, o coach precisa alinhar isso nesse momento, pois, do contrário, corre o risco de finalizar o programa acreditando que ajudou muito, mas o coachee ainda fica com a sensação de que não chegou no ponto em que gostaria.

5.1.4 Contexto atual

Essa é uma parte central da entrevista de química, pois é possível entender o contexto atual que o coachee está inserido, ou seja, sua percepção sobre a empresa, principais desafios, há quanto tempo está naquela organização e, especificamente, no cargo atual. Na ocasião, sempre questiono um pouco sobre as relações 360 graus, com chefes, pares, subordinados e outros *stakeholders*. O importante aqui é que o coach entenda essa teia de relações, mas também compreenda e preste atenção ao que é trazido pelo coachee, o que mais está angustiando ou atrapalhando na *performance* atual do mentorado. Pense nos assuntos colocados à mesa e o porquê foram escolhidos.

5.1.5 Sobre o processo de coaching

O coach deve investigar o nível de conhecimento do coachee sobre esse tipo de processo, se alguma vez em sua carreira já fez algo similar. Aqui também é importante perguntar o que o coachee recebeu de informações anteriores e como acha que o processo será conduzido. O coach deve explicar a metodologia que utiliza e por que a utiliza, detalhar as etapas do processo e explicar os objetivos de cada uma delas. É nesse momento que devem ser compartilhados o estilo pessoal de conduzir as sessões e o que o coach pode aportar ao processo, reforçando que os dois, coach e coachee, estão juntos nessa jornada.

É aqui também que deve ser explicado que o coachee é o "dono" do conteúdo, e o coach é o "dono" do processo. Isso também é crítico para que o coachee compreenda que é de responsabilidade dele trazer as questões sobre as quais serão conversadas. Quando o coachee não faz isso e o coach não aponta essa questão, o risco é de que os assuntos prioritários não sejam objeto de reflexão.

5.1.6 Dúvidas eventuais do coachee

O coachee pode vir a ter as mais diferentes dúvidas possíveis ou até nenhuma dúvida. Mas, geralmente, as questões mais frequentes são as seguintes:

- Você acha que consigo atingir os objetivos sobre os quais falamos?
- O que você achou dessa minha situação? Fácil, complicada?
- Que tipo de informação você enviará para minha empresa?
- Você já falou com meu chefe?
- Por quantos meses vamos trabalhar?
- Depois de terminado o coaching, como faço para seguir sozinho?
- Posso trazer aqui também algumas questões pessoais que estou vivendo?
- Você já atendeu casos parecidos com o meu?
- Como é seu estilo como coach?
- Caso eu precise, posso fazer contato por *e-mail* ou celular para tirar dúvidas?

Como você pode perceber, a maioria das questões é muito mais relacionada à a própria pessoa do que a detalhes do programa. Em geral, quando um coachee escolhe um coach, ele decide confiar no mentor, e isso é fundamental para o sucesso do programa.

5.1.7 Finalização e próximos passos

Respondidas as dúvidas, o coach deve encerrar a sessão e informar que aguardará o posicionamento do coachee e da empresa para dar início aos trabalhos. Coloque-se à disposição caso eles tenham dúvidas ou questionamentos.

5.1.8 Comentários gerais sobre a entrevista de química

Você pode ter a impressão de que a entrevista de química é uma ciência exata. Não é, mas pode ser planejada em linhas gerais para que o coach não se perca. A soma dos tempos resulta em torno de 60 minutos. Há metodologias de coaching que fazem essas entrevistas em, no máximo, 30 minutos. Contudo, é difícil de funcionar assim. Elas devem durar menos que uma sessão regular (as minhas sessões do programa duram 1 hora e 30 minutos), mas não muito menos do que isso. O coach deve ter cuidado, pode haver pessoas que falem muito nessa sessão e pessoas absolutamente diretas e sintéticas. Recomendamos que a entrevista de química dure, no mínimo, 60 minutos. O mais arriscado é ela ser rápida demais ou muito longa. Muitas vezes, a pessoa pode não falar muito e, se o coach não estimulá-la, ela acabará saindo da reunião sem uma opinião formada e sem um vínculo mínimo estabelecido; ou ela pode falar muito, desabafar e, ao sair do encontro, sentir-se melhor, achando que já solucionou o problema. O coach deve sempre lembrar que está lidando com seres humanos, e cada pessoa é única.

Essa entrevista, na maioria das vezes, é a entrevista "de venda" do produto, que é o coach. Caso ele não realize a venda, não terá um coachee para atender.

A experiência tem mostrado que entrevistas de química bem-sucedidas são aquelas em que o coachee consegue perceber ou vivenciar duas coisas: (1) sentir-se escutado; (2) ouvir algo que realmente fez diferença para ele.

O coach não precisa ficar preocupado em falar demais, em mostrar o quanto é capaz ou reconhecido, o quanto já fez isso na vida ou o sucesso profissional nos cargos que ocupou. O coachee não está preocupado com isso. Ele é um ser humano que está angustiado com algum problema, preocupado em resolvê-lo e na busca de alguém com quem se sinta bem e, claro, que o ajude a solucionar a angústia. Geralmente, as credenciais do coach já foram alvo dos processos de escolha realizados por ele ou pela companhia.

Ao final da entrevista, o coach deve agradecer ao coachee pelo tempo e pela oportunidade de ajudá-lo e deixá-lo ir. Não deve ficar perguntando sobre prazo de decisão ou algo parecido. O coachee deve ser respeitado em suas escolhas.

Listamos, a seguir, os principais benefícios, para o coachee, para o coach e para a companhia patrocinadora, de uma entrevista de química.

Para o coachee:

- sensação de ser ouvido, respeitado e compreendido;
- possibilidade de testar sua conexão pessoal com o coach;
- oportunidade de conhecer as credenciais e as competências do coach para lidar com o contexto específico que está vivendo;
- chance de ter uma ideia do estilo e do método do coach;
- chance de vivenciar como serão as sessões na prática.

Para o coach, há:

- oportunidade de entender as amplas áreas em que o cliente pode querer desenvolver;
- possibilidade de verificar como o cliente deseja que o coaching seja e que objetivos esse cliente quer atingir;
- chance de descrever a metodologia e o estilo que irá utilizar;
- possibilidade de ouvir qualquer sinal de perigo – sinais de que o cliente pode estar entrando no coaching pelas razões erradas, se realmente esse cliente quer realizar o programa e se os objetivos são realistas.

Para a organização:

- oportunidade de apresentar ao coachee um coach altamente adequado;
- possibilidade de garantir que o coachee está confortável e confiante com a escolha.

5.2 A primeira sessão

A primeira sessão de um projeto de coaching pode coincidir com a entrevista de química quando a companhia-cliente já sabe quem será o coach de um de seus profissionais. Não se trata de ser comum ou incomum que isso ocorra, trata-se apenas de algo que depende das políticas de uma companhia. Há companhias que querem escolher o coach, outras que querem escolher os candidatos a coach (geralmente dois ou três) e outras, ainda, que deixam o coachee livre para determinar com quem ele quer realizar o trabalho. Por isso, às vezes, o coach receberá um coachee que já vem com um programa aprovado, nesse caso, essa primeira sessão torna-se um tipo de entrevista de química para que ambos, coach e coachee, conheçam-se e discutam as fases do programa.

Dessa forma, o que estamos chamando de *primeira sessão* é aquela em que os parâmetros já foram estabelecidos, o coach e o coachee já se apresentaram e têm uma boa visão das razões pelas quais o processo de coaching foi contratado.

5.2.1 O *briefing*

Antes de entrar na sessão propriamente dita, vamos comentar um pouco sobre o *briefing*, uma das partes críticas e fundamentais de um processo de coaching. Ele se resume a uma conversa rápida com o chefe imediato do coachee e, se possível, com a pessoa do setor Recursos Humanos envolvida na contratação. Pode ser feito de maneira separada com cada um dos envolvidos separadamente, o que parece mais apropriado, mas, se determinado pelo cliente, também pode ser feito em conjunto. É essencial que o coach compreenda em detalhes a situação. Isso implica entender a visão, a percepção e os objetivos da companhia pelos olhos do chefe imediato e do Recursos Humanos. O coach deve lembrar que tem dois clientes, um que paga e um que usufrui. Manejar essas pontas todas não é uma tarefa fácil, mas, com atenção, observação e planejamento, é possível ser realizada.

Algumas perguntas que podem estar presentes no *briefing* do coach com a empresa-cliente são as seguintes:

- Com o chefe imediato:
  - Gostaria de saber um pouco sobre o contexto em que sua empresa está inserida nesse momento.
  - Poderia falar sobre os principais desafios da função que o coachee ocupa hoje?
  - Como o coachee está entregando resultados?; Comente sobre sua *performance*.
  - Poderia falar sobre o perfil do coachee, pontos fortes, pontos de desenvolvimento, em sua perspectiva?
  - O que o motivou a indicar um processo de coaching para essa pessoa?
  - Que resultados espera que o coachee atinja ao final do programa?
- Com o Recursos Humanos:
  - Pode falar sobre a relação do coachee com seus *stakeholders* (subordinados, pares e outros)?
  - Como você vê a relação do coachee com o chefe imediato dele?
  - Como é a cultura da companhia, o que é e o que não é valorizado?

- O que você entende que seria um bom resultado ao término do programa de coaching?
- Existe algo específico que eu necessito saber para ter sucesso nesse programa?

Essas conversas devem o mais fluidas possível que o coach conseguir. O coach deve evitar muitos questionamentos, perguntas muito rígidas, podendo utilizar as perguntas que indicamos como base para estabelecer uma boa conversa. Ele deve ouvir mais e falar menos. Não é hora de o coach ficar demonstrando que é capaz, é hora de colher informações para formar o mapa mental do que está de fato acontecendo ali, que dinâmica existe no contexto do coachee – o que ele enfrenta todos os dias. O coach não deve julgar nem dar opinião, apenas ouvir e fazer perguntas.

Ao final, é importante que o coach sempre pergunte se há questões ainda não respondidas sobre o processo e que ele possa esclarecer. Além disso, também informar como vai deixar os interessados a par da evolução do programa[3].

Como conselho final, anote tudo, de maneira a guardar e rever essas informações mais para frente. Elas serão de vital importância ao final do programa.

5.2.2 A sessão em si

Essa primeira sessão tem objetivos bem definidos para coach atingir. É nela que ele ensinará ao coachee como o programa acontecerá. Principalmente quando os coachees nunca estiveram em um programa assim, ficam muito ansiosos e sem saber exatamente o que será feito ou discutido ali. Apesar de o coach seguir alguma estrutura, deve lembrar que cada ser humano é único, e o coach é quem tem de se adaptar ao que é mais premente para a pessoas, sem se perder na estrutura previamente traçada.

Basicamente, nesse encontro, o coach deve ter algumas coisas em mente para realizar com o coachee.

É importante verificar como o coachee está, se algo diferente aconteceu desde o último encontro e se ele ainda tem dúvidas sobre o

---

3   Há mais sobre esse tema no Capítulo 7 deste livro.

processo – muitas vezes, podem ter acontecido movimentos importantes que o coach deve saber, contextos alterados, situações com o chefe imediato ou dificuldades específicas. Essa primeira sessão, em alguns programas, pode demorar a acontecer em razão da burocracia contratual, então, a chance de o coach ter se encontrado com seu coachee há duas ou três semanas é grande. O coache deve estar atualizado, isso significa mais informação relevante para ele.

É necessário explicar as expectativas sobre como as sessões acontecerão – isso implica fazer um tipo de contrato com o coachee e que ele tenha uma genuína intenção de mudar e de se desenvolver. É importante a pessoa verbalizar e se ouvir, de modo a reforçar o desejo dela, além de se manter aberta a receber, aceitar e agir sobre os *feedbacks* escutados.

Ainda, é necessário que haja honestidade e franqueza nas discussões. É aqui que explicamos que, às vezes, será entregue alguma tarefa para ser completada entre as sessões, e encontrar tempo para realizá-las é importante. E, por último, devemos deixar claro que estamos iniciando ali um trabalho que exige transparência entre nós e que, caso ele esteja sentindo alguma dificuldade com o programa, que traga essa informação para discutirmos juntos o que fazer.

Devemos reforçar a questão de que o conteúdo pertence a ele e a forma pertence ao coach, ou seja, ele precisa trazer as questões para serem discutidas.

É nessa sessão que explicamos que instrumentos de identificação utilizaremos e porquê. Geralmente, mostramos um exemplo de relatório e dizemos que o resultado é sigiloso e será discutido apenas com o próprio coachee.

É nessa primeira sessão que também escolhemos juntos as pessoas que contribuirão com *feedbacks* para enriquecer nossa percepção para o coaching. Explicaremos mais detalhadamente a seguir sobre a ferramenta de *feedback* 360 graus, mas já adiantamos que ela pode ser aplicada de maneira diferente dependendo do nível do profissional. Quanto menor for seu nível de liderança e mais baixa for a complexidade de sua função, mais podemos utilizar a ferramenta de maneira *on-line*. Quando a empresa já tem uma ferramenta, é possível utilizá-la, ou quando eles já passaram por algo similar há menos de três meses. No entanto, incluir algumas questões específicas depois de você entender toda a dinâmica ajuda muito. Quando o indivíduo já ocupa uma função de diretoria ou um cargo mais alto, em geral, eu prefiro entrevistar as pessoas individualmente. Há inúmeras perguntas que podem ser feitas aqui, mas lembre-se de que você terá de encontrar formas de explorar as questões que rodeiam seu coachee sem fazer perguntas explícitas que deixem claro qual é o item a ser trabalhado.

O restante do conteúdo a ser trabalhado nessa primeira sessão pode variar, dependendo do número de sessões contratadas para cada coachee. Caso o processo de coaching tenha, por exemplo, dez sessões ao todo, é possível explorar mais cada um dos temas. Mas se o processo de coaching tiver apenas cinco ou seis sessões, o coachee terá de navegar de forma mais rápida. Quando temos poucas sessões, podemos tender a iniciar o *assessment* para trabalhos de coaching já nessa primeira sessão (veja o próximo item). Quando temos mais sessões, podemos escolher iniciá-lo na segunda sessão. O coach deve lembrar que esse tipo de trabalho não é uma ciência exata, pois as pessoas são distintas e precisam de esquemas e estruturas diferentes de trabalho. Coaching não é um produto de prateleira, é preciso adaptá-lo a cada situação e a cada coachee. Quando o coach aprende a fazer isso com eficiência, percebe o benefício de fazê-lo.

5.3 O *assessment* e os instrumentos de avaliação de perfil (*mapping*)

O processo de *assessment* para um programa de coaching será especificado nos tópicos a seguir, pois ele apresenta características diferentes.

5.3.1 O *assessment* em um processo de coaching

O *assessment* para coaching é bem diferente de um *assessment* para situações de avaliação. O *assessment* para coaching objetiva que o coach se aprofunde na história de vida e de carreira do coachee, compreendendo os motivos de determinados comportamentos serem expressos na idade adulta, fazendo com que o coachee assimile essas origens, reflita sobre elas e, com isso, mude o que for necessário. Nesse momento do coaching, ser psicólogo ajuda muito, pois essa é uma etapa difícil, densa e complexa, e quanto mais o coach entender de comportamento humano, mais terá a chance de ser efetivo. Ao mesmo tempo, não significa que um coach que não seja psicólogo não possa realizar ou executar um processo de coaching, mas terá de tomar alguns cuidados importantes. Quando o coach vem de uma formação diferente, recomendamos que se concentre mais na superfície das questões e, se necessário, sugira um trabalho terapêutico aos coachees. Acredite, há muito comportamento que tem sua origem na história de vida pregressa de uma pessoa, às vezes nas histórias mais distantes e infantis. Mexer com esse conteúdo demanda preparo, formação e experiência. Além disso, quando o coach não é psicólogo, ele pode buscar o apoio ou a supervisão de alguém que seja. Discutir os casos e obter ajuda ou orientação pode ser de grande valia. Por outro lado, há psicólogos formados, mas que nunca exerceram sua profissão, o que pode também ser um fator dificultador, mesmo que tenham sido expostos ao conteúdo durante sua formação. Nesses casos, também é recomendada alguma supervisão. Como já tratamos anteriormente, estar com alguém em uma sala, discutindo questões tão delicadas, não é tarefa simples nem fácil e pode causar impactos absolutamente profundos em uma pessoa. O coache deve sempre lembrar-se disso.

O *assessment* que aconselhamos que seja feito, e aí cada coach escolherá sua forma de fazer, é abrir o ouvido para a história de cada coachee. Nós não somos produto somente de nossa formação ou do primeiro emprego. Nós somos produto de uma história inteira de vida. Assim, é nesse momento que ouço a história de meus coachees. Onde nasceram, quem eram seus pais, o que aprendeu com eles, como convivia com seus irmãos, como era na escola, como foi como adolescente, quem teve de importante em sua vida, que fatos marcantes aconteceram. Desse modo, conseguimos começar a juntar os pedaços desse grande quebra-cabeças, tentando compor a história, o que se passou, o que está acontecendo hoje e, principalmente, o porquê está acontecendo. Use sua intuição, faça analogias, discuta suas percepções, faça seu coachee pensar. Trata-se de um momento poderoso do nosso trabalho.

Em geral, há intervalos de 15 dias entre uma sessão e outra e, com isso, após essas primeiras sessões, já reunimos o material necessário para iniciar o processo de *feedback* 360 graus e para aplicar os instrumentos selecionados em cada programa.

A seguir, trazemos informações sobre esses instrumentos, onde estão disponíveis e que tipo de enfoque tem cada um deles. É importante que o profissional de coach consiga achar uma boa combinação de instrumentos para cada tipo de coachee que atender. Ele pode fazer isso pensando no que seria relevante o coachee descobrir sobre si mesmo *versus* os objetivos do coaching que precisam ser atingidos. Os instrumentos ajudarão o profissional de coach a acelerar o processo de autoconhecimento do indivíduo e servem, ainda, como uma base de discussão consistente sobre como cada um funciona, valoriza, motiva-se e lida com estresse no dia a dia.

5.3.2 Os instrumentos de identificação de perfil

A seguir, você encontrará o descritivo dos principais instrumentos que podem ser utilizados em processos de coaching.

Feedback 360 graus

O *feedback* 360 graus é um instrumento utilizado em muitas empresas para avaliar e melhorar o desempenho do colaborador. Ele contribui para a identificação de habilidades, competências, atributos e comportamentos que são fortes, bem como aqueles que precisam ser desenvolvidos. O *feedback* 360 graus é uma importante ferramenta de gestão de pessoas, pois promove uma avaliação de funcionários que considera a opinião de colegas, chefes, subordinados e, até mesmo, uma autoavaliação. O método foi usado pela primeira vez em 1940 e até hoje é aplicado em muitas empresas para melhorar o desempenho e mapear os objetivos de carreira dos funcionários.

Uma vez definido o que será medido, o processo inicia com o colaborador escolhendo seus avaliadores. A principal recomendação para essa etapa é que os avaliadores sejam pessoas que tenham trabalhado próximo do profissional, em um projeto ou na mesma equipe. Assim, o coach saberá que a avaliação será feita com base em fatos. Geralmente, a ferramenta permite que o avaliado se autoanalise, somando-se à avaliação do chefe imediato, dos pares e dos subordinados e, em algumas situações, à avaliação dos chamados *outros stakeholders*.

A pessoa que passa por uma avaliação 360 graus tem uma visão muito mais clara de seu desempenho e de seu relacionamento interpessoal. Por meio de *feedbacks* construtivos, é possível apontar lacunas no desenvolvimento que, muitas vezes, não são percebidas pelo profissional. Com isso, é possível crescer e apresentar melhores resultados não só para a empresa, mas também para a trajetória de carreira individual. Há a possibilidade de crescimento com a busca dos conhecimentos necessários, com a melhoria de comportamentos contraproducentes e com a mudança de posturas pessoais que impactam o trabalho, as quais, até então, não tinham sido evidenciadas. Para pessoas que exercem cargos de liderança, esse retorno é essencial, já que o sucesso delas está muito ligado à impressão que deixam em seus subordinados e à construção de uma relação de confiança e parceria. Quando um *feedback* 360 graus de um coordenador é muito negativo, é hora de repensar como ele vem desempenhando seu trabalho.

Esse foi um descritivo básico de uma ferramenta 360 graus. No entanto, quando o coach está inserido em um processo de coaching, é melhor entrevistar as pessoas que irão compor esse *feedback*. É muito importante explicar ao coachee o quanto esse processo é sigiloso e que somente ele terá acesso aos dados que serão levantados. Quando a relação de confiança foi estabelecida, a escolha dos participantes ocorre de maneira efetiva, e o coachee sabe que precisará escolher pessoas com as quais tem uma boa relação, mas também com as quais não tem. Os coachees devem ser estimulados a selecionar pessoas em ambas as situações. É importante apontar aos coachees que há uma hora para ouvir essas pessoas, e a hora é agora. Quando eles realmente querem melhorar, farão a escolha certa; caso não estejam totalmente engajados no processo, o coach descobrirá isso nas entrevistas.

O que se seleciona para perguntar depende de cada coachee e da situação a ser solucinada. As perguntas, em geral, são da mesma natureza, mas acabamos por explorar nas entrevistas aquilo que mais nos ajudará a ajudar o coachee. As questões envolvem conteúdos clássicos, como pontos fortes, pontos de desenvolvimento, reações sob estresse, adjetivos de liderança, como o coachee se relaciona dentro da organização etc. O coach deve mencionar aos entrevistados que a conversa é sigilosa e que o relatório final é geral e não identifica o que cada pessoa falou.

Garantir esse sigilo na elaboração do relatório é dever e responsabilidade do coach. Muitas vezes, na hora de discutir esse relatório com os coachees, pode acontecer de eles identificarem uma ou outra pessoa. Quando isso acontece, não devemos confirmar a identidade ou não do respondente e, mais do que isso, devemos reforçar a questão de que o mais importante é entender a percepção que estão tendo do coachee e o que isso significa.

Apesar de ser um instrumento fácil de ser utilizado, o *feedback* 360 graus deve ser tratado com muito cuidado, pois, se conduzido de forma errada, pode gerar indisposições, fantasias e comportamentos inadequados no coachee e que refletirão no modo como ele se relaciona com as pessoas.

Em nossa opinião, o *feedback* 360 graus é o instrumento mais poderoso do processo de coaching, pois sem ele o coach não consegue entender o impacto que o comportamento de seu coachee tem no contexto e, dessa forma, dificilmente criará com ele um plano de ação realmente relevante.

É importante que o coach tente encontrar a própria forma de conduzir esse processo, seu toque especial. É fundamental que o coach tenha um espaço para criar adaptações dessas ferramentas, de modo que se sinta natural, espontâneo e seguro ao utilizá-las. Isso o ajudará a criar a própria metodologia, que pode ser baseada em uma combinação de outras metodologias, mas que, ao final, tem uma marca própria.

Hogan

A seguir, você pode observar um descritivo sobre os inventários Hogan de perfil pessoal e profissional.

Figura 5.1 – **Método Hogan**

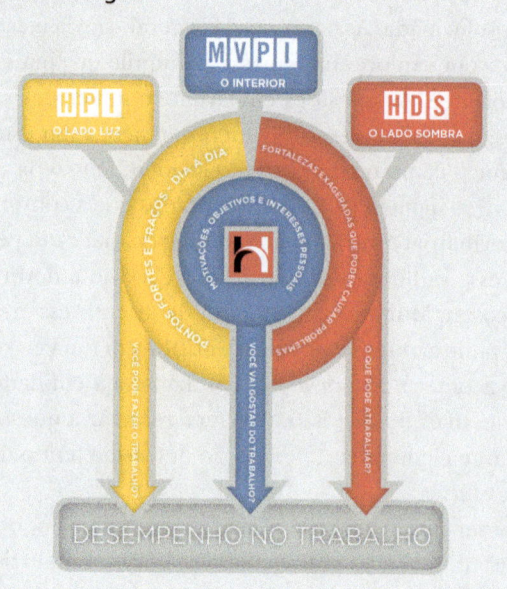

Fonte: **Hogan**, 2021.

O método Hogan foi desenvolvido pelo psicólogo americano Robert Hogan. Ele queria criar um sistema de avaliação para as empresas, para o mundo corporativo, e que pudesse servir para as diferentes necessidades da área de Recursos Humanos. Os inventários Hogan avaliam características de personalidade, identificação de valores e motivadores e os comportamentos demonstrados por uma pessoa quando sob muita pressão ou estresse. Trata-se de um dos instrumentos com uma grande análise estatística em cima de um número enorme de dados, o que torna a validação dele algo relevante (Hogan, 2021).

Os três inventários principais do Hogan (2021) são:

1. HPI – identifica potencial e como a pessoa se comporta no dia a dia quando está sob condições normais (sem estresse).
2. HDS – identifica os comportamentos que um indivíduo apresenta principalmente sob estresse.
3. MVPI – identifica os valores que movem aquela pessoa.

O método Hogan é um instrumento muito utilizado, e seu nível de profundidade estatística é um dos mais relevantes no mundo. Uma de suas principais características é que ele mede atributos de liderança, e isso é fundamental em processos de coaching.

Para utilizá-lo, é preciso que o profissional faça uma certificação.

O Hogan dá ao coach a possibilidade de ter acesso a três tipos principais de relatórios principais, fora outros específicos. São eles: HPI (Hogan Personality Inventory), MVPI (Motives, Values, Preferences Inventory) e HDS (Hogan Development Survey).

O relatório **HPI** é comumente chamado no Brasil de *amarelinho*. É o relatório que trata de potencial, ou seja, como a pessoa se comporta quando está trabalhando rotineiramente, em condições normais de "pressão e temperatura". Ele envolve a descrição de sete subescalas. São elas:

1. Ajustamento
2. Ambição
3. Sociabilidade
4. Sensibilidade interpessoal
5. Prudência
6. Inquisitivo
7. Abordagem à aprendizagem

Cada uma delas envolve uma série de aspectos que, em inglês, são chamados de *brics*, que significa "tijolos". A vasta informação que cada relatório do Hogan provê dá ao coach possibilidades de discutir com seu coachee muito profundamente sobre perfil, pontos fortes e pontos de desenvolvimento. É uma ferramenta muito boa para a condução de processos de coaching, permitindo a geração de reflexões importantes.

O **MVPI** é um relatório de cor azul e contempla os principais valores escolhidos pela pessoa para nortear o comportamento dela no dia a dia. Ler o Hogan em conjunto com o coachee é uma opção bastante funcional e que o ajudará a ter *insights* que podem ser discutidos em conjunto com o coach.

Da mesma maneira que o relatório anterior, apresenta divisão em dez subescalas. São elas:

1. Reconhecimento
2. Poder

3. Hedonismo
4. Altruísmo
5. Afiliação
6. Tradição
7. Segurança
8. Comercial
9. Estética
10. Científico

O **HDS** é um dos mais importantes relatórios dessa bateria Hogan, pois reúne os comportamentos que o coachee expressa sob estresse e que podem descarrilhar seu comportamento (descarrilhadores).

O HDS tem 11 subescalas:

1. Temperamental
2. Cético
3. Cauteloso
4. Reservado
5. Passivo resistente
6. Arrogante
7. Ardiloso
8. Melodramático
9. Imaginativo
10. Perfeccionista
11. Obsequioso

O Hogan também provê outros diferentes tipos de relatórios que o coach aprenderá a utilizar em seu curso de certificação.

MBTI – Myers-Briggs Type Indicator
Sobre o MBTI:

O **MBTI ® (Myers-Briggs Type Indicator®)** é uma ferramenta de **Assessment**, baseada nas teorias de Carl Gustav Jung, para a identificação dos **tipos psicológicos** descritos em seu estudo "A Teoria dos Tipos Psicológicos". Posteriormente, ela foi decodificada pelas estudiosas no tema, Katharine Briggs e Isabel Myers, respectivamente mãe e filha. (Fellipelli, 2021b)

O MBTI indica aspectos de personalidade que promovem o autoconhecimento por meio da compreensão de seus pontos fortes e pontos de desenvolvimento. O objetivo de entendermos os tipos psicológicos do MBTI é a possibilidade de apreciar as diferenças entre as pessoas, uma vez que não há tipos melhores ou piores, apenas diferentes.

O MBTI já foi traduzido em muito idiomas e, no resultado, as quatro letras de cada indivíduo permanecem as mesmas, independentemente do idioma em que esses tipos são descritos. Isso o faz ter uma linguagem quase universal sobre tendências de comportamento humano, as quais podem ser discutidas mesmo que os coaches estejam em países diferentes.

Ele é muito adotado em processos de coaching para que uma pessoa compreenda a própria tendência de comportamento *versus* a tendência das outras pessoas, bem como que descubra como encontrar melhores formas de se relacionar, de interagir e de tornar suas relações mais produtivas. O MBTI é baseado em uma teoria muito profunda, e sua maneira simples pode parecer mais superficial, mas tem por base algo profundo e sério e que, quando é compreendido, pode ajudar, e muito, uma pessoa a se desenvolver. Vale a pena que o coach estude profundamente esse relatório, que também exige um curso de certificação

As escalas do MBTI são formadas por anagramas compostos das oito letras indicadas na figura a seguir:

Figura 5.2 – **Escalas MBTI**

E	S	T	J
I	N	F	P
Como eu busco energia/ motivação	Como eu busco informações/ percepção	Como eu tomo decisão/ julgamento	Qual é meu estilo de vida

Fonte: Elaborado com base em Fellipelli, 2021b.

A combinação dessas quatro letras gera 16 tipos possíveis, e cada um deles apresenta características muito peculiares. São eles:

- ISTJ – ISFJ – INFJ – INTJ
- ISTP – ISFP – INFP – INTP
- ESTP – ESFP – ENFP – ENTP
- ESTJ – ESFP – ENFJ – ENTJ

Esses tipos foram organizados em um quadro que, geralmente, é utilizado para mapear grupos e times. Esse quadro, indicado a seguir, mostra as principais características de cada tipo:

Quadro 5.3 – Os tipos psicológicos

ISTJ	ISFJ	INFJ	INTJ
Os organizadores naturais da vida	Empenhados em fazer acontecer	Um líder inspirador e leal	Pensadores independentes da vida
ISTP	**ISFP**	**INFP**	**INTP**
Apenas faça isso	A ação fala mais alto do que as palavras	Fazendo a vida mais amável e delicada	A vida é resolver problemas
ESTP	**ESFP**	**ENFP**	**ENTP**
Tirar o máximo do momento	Vamos fazer um trabalho divertido	As pessoas são o produto	O progresso é o produto
ESTJ	**ESFJ**	**ENFJ**	**ENTJ**
Administradores naturais da vida	Amigo confiável de todos	De fala mansa, persuasivo	Líderes naturais da vida

Fonte: Elaborado com base em Fellipelli, 2021b.

Há muita informação sobre o MBTI na internet, características dos tipos e das diferenças. No entanto, o profissional de coach deve ter cuidado com testes gratuitos. O verdadeiro questionário do instrumento deve ser obtido de maneira ética e pela certificação. Não devem ser utilizados com os coachees instrumentos que não sejam oficiais. Isso é crime em relação às leis de direitos autorais.

A seguir, destacamos um artigo para ilustrar a teoria junguiana. O MBTI ajuda e facilita o caminho para a compreensão por parte do coach. Leia, estude e busque mais informações sobre ela. Você irá se apaixonar. Temos utilizado de maneira intensa essa teoria em nossos processos de coaching. Apesar de extremamente complexo, o artigo a seguir traz um conteúdo que contribui muito para essa compreensão.

> **Para saber mais**
>
> Para saber mais sobre a teoria dos tipos psicológicos, acesse o *link* indicado a seguir.
>
> LESSA, E. **A teoria dos tipos psicológicos**. Disponível em: <http://www.jung-rj.com.br/artigos/tipos_psicologicos.htm>. Acesso em: 12 abr. 2021.

Birkman

Birkman é outro instrumento de perfil pessoal e profissional. Sharon Birkman Fink, Presidente e CEO de Birkman International Inc., que desenvolve o Birkman® Method, assumiu o cargo em 2002, durante uma transição da empresa fundada pelo Dr. Roger Birkman, pai dela, há 63 anos. Sharon é graduada pela Harvard Business School no Curso para Presidentes e Proprietários de empresas, além de ser autora do livro intitulado *O método Birkman: a sua personalidade no trabalho* (Birkman Fink; Capparel, 2018).

> Tive o prazer de conhecer Dr. Roger Birkman quando estive em Houston para um congresso da Birkman. Esse é um instrumento que aprecio muito. Difícil e profundo, mas que me possibilitou descobrir coisas absolutamente significativas sobre minha própria personalidade. Tenho utilizado esse instrumento em processos de coaching que necessitam de um mergulho mais profundo na maneira de ser e de se comportar de uma pessoa.

> **Para saber mais**
>
> Para saber mais sobre a teoria Birkman e o Dr. Roger Birkman, que faleceu em março de 2014, acesse o *link* indicado a seguir.
>
> BIRKMAN, R. Como eu inventei um novo teste de personalidade. **Forbes**, 21 out. 2010. Disponível em: <http://www.birkmanbrasil.com/como-tudo-comeccedilou.html>. Acesso em: 12 abr. 2021.

Firo-B

Por mais de 50 anos esse instrumento comportamental auxilia empresas e pessoas de todo o mundo nos relacionamentos interpessoais. O Firo-B™ possibilita compreender como as necessidades de inclusão, controle e afeição podem determinar como uma pessoa interage com os outros no ambiente profissional ou em sua vida pessoal.

> **Para saber mais**
>
> Com o Firo-B as pessoas conseguem entender como suas relações interpessoais se desenvolvem e como mudar e trabalhar suas fragilidades, para que seus processos sejam cada vez melhores. Ele também oferece uma compreensão ampliada de seu comportamento e do comportamento do outro; explica como as necessidades pessoais afetam vários relacionamentos interpessoais; maximiza o impacto das ações de cada indivíduo; reconhece as opções para a melhoria de satisfação e produtividade no trabalho; explora formas alternativas para alcançar seus objetivos. Para saber mais sobre o Firo-B, acesse o seguinte link:
>
> FELLIPELLI, A. **Certificação em relacionamentos interpessoais**: FIRO-B™ – Online. Disponível em: <https://fellipelli.com.br/produto/certificacao-em-relacionamentos-interpessoais-firo-b-online>. Acesso em: 12 abr. 2021a.

Esse é um instrumento de perfil pessoal. Temos utilizado esse instrumento para entender como os coachees se relacionam com as outras pessoas. Ele é um instrumento muito antigo, mas é impressionante como as pessoas se reconhecem em seu resultado e tem *insights* muito profundos com ele. Da mesma maneira que os anteriores, ele necessita de certificação específica.

Cultural Index

Esse instrumento é o que faz a comparação sobre o perfil de cultura de uma companhia ao de um pessoa. O Cultural Index é um instrumento de vanguarda no mercado, que utiliza como base o cruzamento de preferências em relação a ambientes, indicadas por pessoas, com análise de características ambientais corporativas, identificadas por um grupo de funcionários e/ou dirigentes de determinadas empresas.

Utiliza-se de indicadores que levam em consideração características ambientais para definir a cultura de uma organização e as preferências de um candidato, os quais, juntos, apresentam o *matching* entre a empresa e o candidato, o que torna a inclusão e a experiência de um novo integrante mais assertiva.

As sete características analisadas e que são comparadas com o perfil de cada indivíduo estão descritas na figura a seguir.

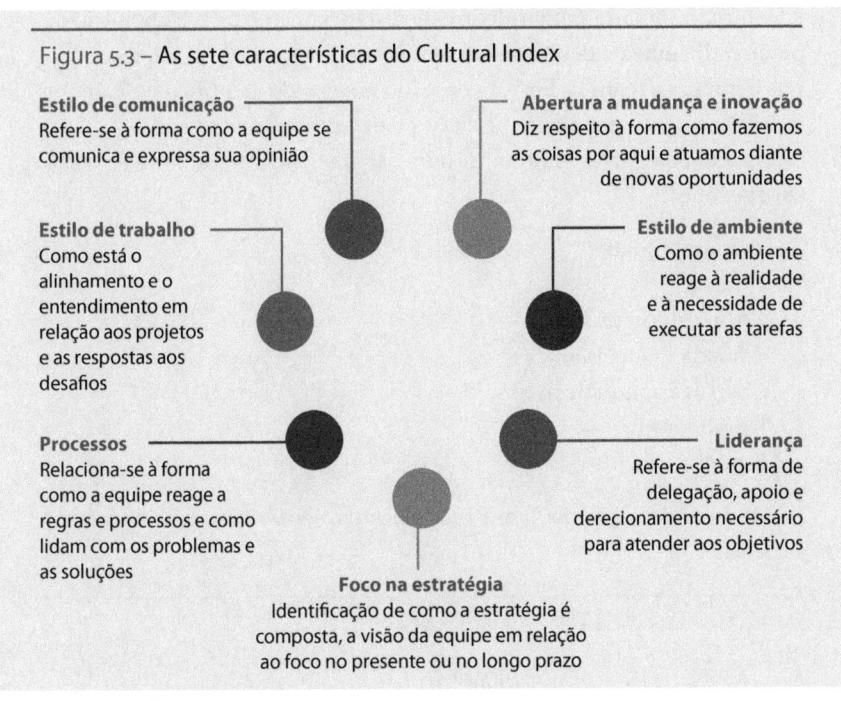

Figura 5.3 – **As sete características do Cultural Index**

Estilo de comunicação
Refere-se à forma como a equipe se comunica e expressa sua opinião

Abertura a mudança e inovação
Diz respeito à forma como fazemos as coisas por aqui e atuamos diante de novas oportunidades

Estilo de trabalho
Como está o alinhamento e o entendimento em relação aos projetos e as respostas aos desafios

Estilo de ambiente
Como o ambiente reage à realidade e à necessidade de executar as tarefas

Processos
Relaciona-se à forma como a equipe reage a regras e processos e como lidam com os problemas e as soluções

Liderança
Refere-se à forma de delegação, apoio e derecionamento necessário para atender aos objetivos

Foco na estratégia
Identificação de como a estratégia é composta, a visão da equipe em relação ao foco no presente ou no longo prazo

O Cultural Index traz com ele uma nova geração de ferramentas de perfil que voltam-se ao processo de comparação entre um indivíduo e seu meio ambiente. Quando o coach percebe que as questões que levam um sujeito ao processo de coaching podem estar ligadas à cultura da organização, ele pode subsidiar os processos de coaching e gerar grandes possibilidades de *insight*s. Da mesma maneira que os instrumentos anteriores, essa ferramenta necessita de certificação para ser utilizada.

Team Index

Esse instrumento é o que faz a comparação entre o perfil de um time e o de uma pessoa.

O Team Index avalia a percepção dos participantes de um mesmo grupo em relação a sete categorias, as quais indicam questões relacionadas à sua maneira de interagir e de se comportar como um time. O TI gera um gráfico das respostas do time, que será, então, comparado às respostas individuais de cada membro da equipe. O objetivo dessa análise é encontrar pontos de similaridade e de distanciamento para elaboração de plano individual de desenvolvimento. Além disso, o TI gera um resultado por equipe. O Team Index está baseado em estudo científico do comportamento humano mediante pesquisas e estudos sobre o tema.

As sete categorias analisadas por esse instrumento de avaliação são as seguintes:

1. Vulnerabilidade
2. Conflito
3. Estilo de comunicação
4. Tomada de decisão
5. Abertura a mudanças
6. Resultados
7. Emocionalidade

Modelos do relatório Team-Index podem ser observados nas figuras a seguir.

Figura 5.4 – Relatório Time – Team Index

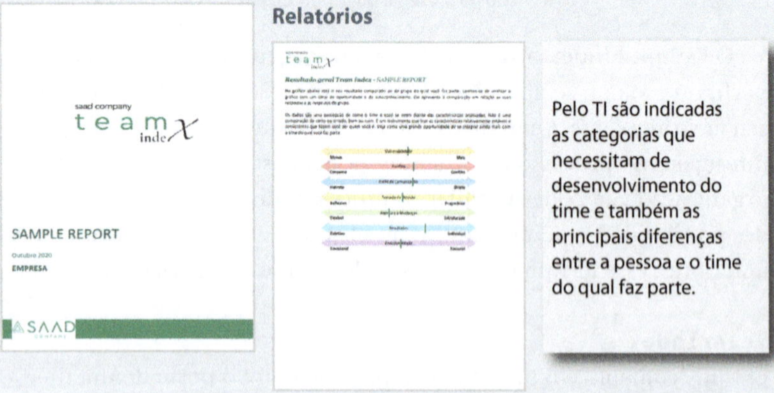

Figura 5.5 – Relatórios comparativos indivíduo por time – Team Index

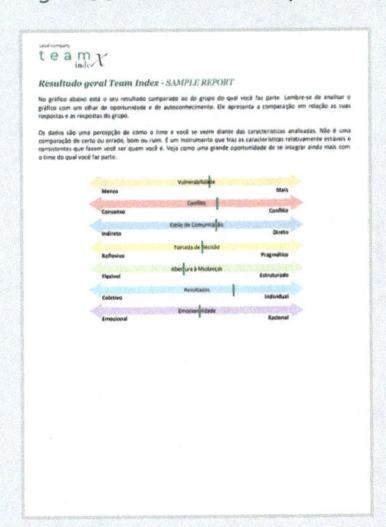

As características do TI são comparadas às dos indivíduos, de modo a identificar aderências e diferenças.

O Team Index gera um gráfico das respostas do time, que será, então, comparado às respostas individuais de cada membro da equipe.
O objetivo dessa análise é encontrar pontos de similaridade, sinergia e distanciamento para elaboração de plano individual de desenvolvimento.

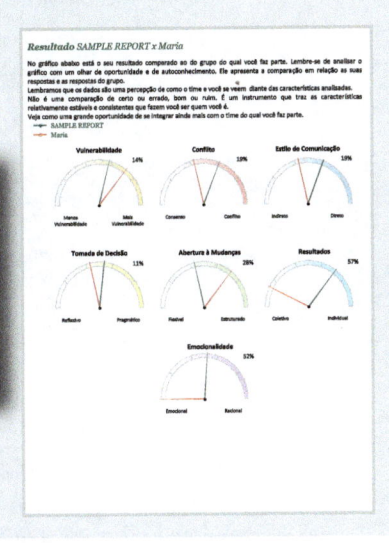

O Team Index é muito útil quando a queixa do coachee está relacionada à maneira como se adequa ao seu time de trabalho, ou quando a empresa percebe que há dissonâncias de comportamentos que envolvem o time direto de trabalho do coachee, ele sendo parte do time ou líder dele.

Insights Discovery

Sobre esse instrumento, observe a figura a seguir.

Figura 5.6 – **Insights Discovery**

Cauteloso / Exato / Deliberado / Formal analítico	**Competitivo** / Exigente / Determinado / Voluntarioso / Impulsionador
Interessado / Encorajador / Generoso / Descontraído / Amável	**Sociável** / Dinâmico / Convincente / Entusiasmado / Expressivo

> **Para saber mais**
>
> Para saber mais sobre o instrumento Insights Discovery, acesse o seguinte *link*:
>
> PIERON. **Insights Discovery**. Disponível em: <https://www.pieron.com.br/insights-discovery>. Acesso em: 12 abr. 2021.

Conforme Lima (2020):

> Carl G. Jung desenvolveu uma tipologia no início do século XX, que está descrita no seu livro Tipos Psicológicos, de 1921. Um trabalho reconhecido, consistente, profundo e ao mesmo tempo de compreensão acessível, que tem sido usado com sucesso no âmbito organizacional.
>
> O avaliador de preferências Insights Discovery usa a tipologia junguiana, transformando-a em uma linguagem lúdica, combinando, dessa forma, o profundo e o simples. Ajuda pessoas, equipes e organizações a compreenderem a dinâmica das relações interpessoais, a composição de times, os tipos de cultura organizacional e, consequentemente, propicia maior

eficácia pessoal e interpessoal, com impacto tanto na produtividade quanto na felicidade das pessoas em seus trabalhos.

O Insights Discovery usa um modelo de quatro cores simples e acessível para entender as preferências individuais de forma ampla, mas igualmente profunda. Com uma linguagem amigável e de fácil compreensão, o relatório reúne informações a respeito do estilo pessoal, tomada de decisões, interações com os outros, valor para a equipe, pontos fortes, possíveis pontos fracos, sugestões de desenvolvimento, abordagem à comunicação e eventuais pontos cegos.

Ele mede preferências por meio de um breve questionário *on-line*, que foi desenhado para captar até as pequenas nuances no padrão de respostas. Isso garante que o relatório seja único e que a pessoa tenha uma experiência relevante com o Insights Discovery.

Cada relatório tem, no mínimo, 20 páginas e ainda pode ser complementado com capítulos adicionais, tais como gerenciamento, vendas, realização pessoal e perguntas para entrevista. Os relatórios são compostos por módulos e podem ser incluídos de acordo com a necessidade do cliente.

Dominância, Influência, Estabilidade e Cautela (DISC)

A figura a seguir resume a ferramenta DISC.

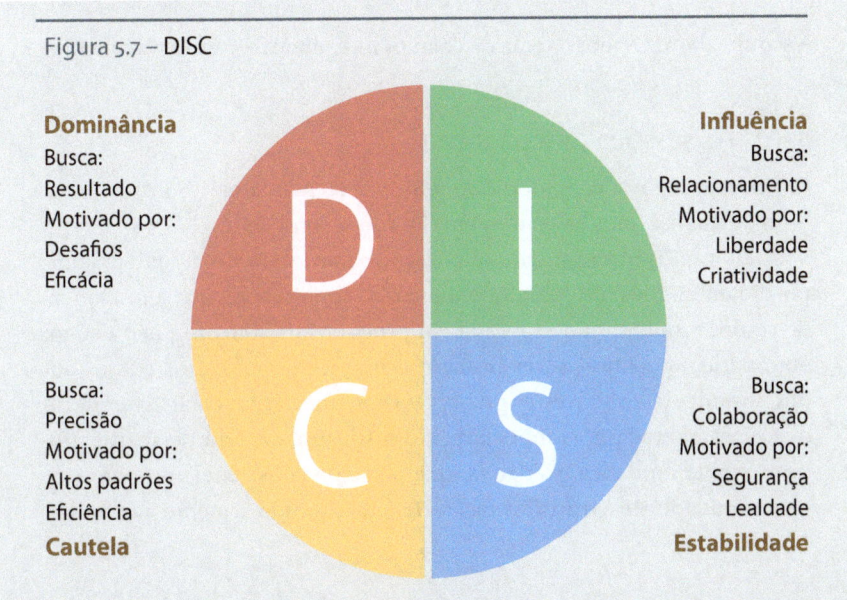

Figura 5.7 – DISC

Dominância
Busca:
Resultado
Motivado por:
Desafios
Eficácia

Influência
Busca:
Relacionamento
Motivado por:
Liberdade
Criatividade

Busca:
Precisão
Motivado por:
Altos padrões
Eficiência
Cautela

Busca:
Colaboração
Motivado por:
Segurança
Lealdade
Estabilidade

O DISC está presente no Brasil há algumas décadas, porém, apenas recentemente foi publicado um artigo mostrando as diferenças entre países, incluindo o Brasil, com base nos fatores DISC.

Tanto a neurologia quanto as avaliações comportamentais nos ensinam que cada pessoa é única, fruto da combinação de natureza e experiência. Como membros de uma aldeia global e de um mercado globalizado, temos não apenas que promover uma consciência sobre a singular diversidade de culturas, mas também gerar compreensão dessas diversidades.

Desde meados do século 20, as empresas de avaliação vêm trabalhando no sentido de medir o comportamento humano. No começo, muitas avaliações comportamentais estabeleceram normas baseando-se apenas em bases de dados mais convenientes ou acessíveis.

A TTI Success Insights possui uma exclusiva e extensa base de dados, composta por milhares de relatórios sobre o comportamento humano, colhidos em mais de 90 países. Esses abrangentes conjuntos de dados existem em 41 línguas. (TTI Sucess Insights, 2021)

5.4 As sessões e o plano de desenvolvimento pessoal

A seguir, abordaremos o tema dos planos individuais de desenvolvimento.

5.4.1 As sessões de coaching

Cremos que agora, com todo o conteúdo já comentado e abordado, seja hora de analisarmos as sessões em si e como conduzi-las.

Elaboramos um esquema que retrata o processo de mudança comportamental. Ele é útil para que um coach compreenda que a mudança de comportamento tão esperada em processos de coaching não é algo automático, pois nós, seres humanos, não somos criaturas exatas ou absolutamente similares e iguais. Dessa maneira, o coach entenderá que, para alterar um comportamento instalado, ele terá de seguir um processo de mudança gradativa, que parte da consciência do que tem de ser mudado até a transformação efetiva. Contudo, a mente não muda se não se entende qual atitude tem de ser mudada. Por exemplo, não adianta dizer ao coachee que ele tem de ser "menos agressivo" ou "mais assertivo", pois eles podem até concordar, mas sairão da sessão sem um direcionamento do que precisa ser modificado.

A figura a seguir pode ser discutida com os coachees e explica porque é necessário transformar o que precisa ser alterado em ações, caso contrário, o coach não mudará nada. Além disso, durante a fase de manutenção, o coach pode ser ainda mais efetivo, pois terá de lutar contra a própria natureza de voltar ao estado original.

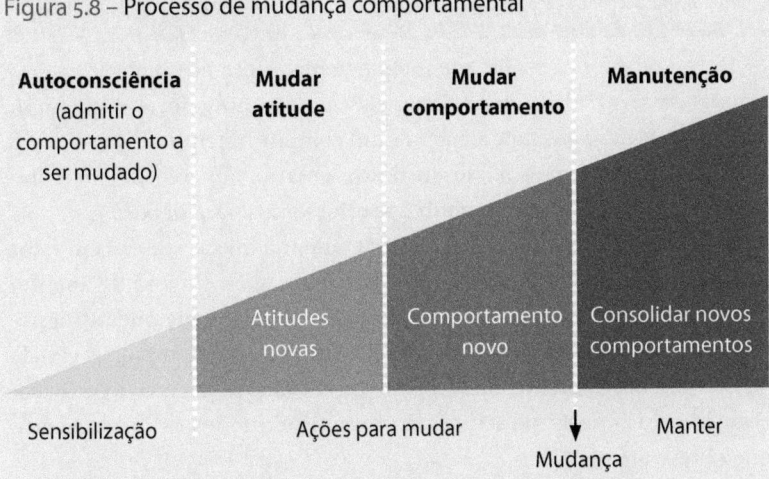

Figura 5.8 – **Processo de mudança comportamental**

Autoconsciência (admitir o comportamento a ser mudado)	Mudar atitude	Mudar comportamento	Manutenção
	Atitudes novas	Comportamento novo	Consolidar novos comportamentos
Sensibilização	Ações para mudar	↓ Mudança	Manter

Há uma lenda que é muito utilizada em Recursos Humanos e ilustra o que entendemos ser a fase de manutenção. Vamos a ela:

> Certa vez, em uma lagoa onde moravam a Dona Rã e o Senhor Escorpião, o escorpião se dirigiu à rã muito respeitosamente e disse: "Dona Rã, desculpe incomodá-la, mas quero dividir um sonho que tenho. Meu sonho é conhecer o outro lado dessa lagoa. Para isso, será que a senhora poderia me carregar até lá?".
>
> A Dona Rã, que de boba não tinha nada, respondeu: "De forma alguma, pois você me picará antes, durante ou depois da travessia".
>
> O escorpião, focado em seu sonho e com muita determinação, respondeu: "Veja, vou lhe provar que a senhora está errada. Caso eu pique você antes da travessia,

> não realizarei meu sonho; caso pique durante a travessia, ambos morreremos afogados; e caso pique depois da travessia, não voltaremos para cá e eu não quero morar daquele lado da lagoa".
>
> A rã, que apesar de durona tinha um grande coração, pensou, pensou e acabou cedendo à tentação de ajudar o escorpião a realizar o sonho. Confiando na lógica do escorpião, concordou e permitiu, então, que ele subisse em suas costas.
>
> Mal iniciaram a travessia, já dentro da lagoa, sentiu o ferrão sendo cravado em suas costas. Antes de os dois afundarem, ela ainda teve tempo de perguntar a ele: "Por que fez isso? Ambos vamos morrer".
>
> E ele respondeu: "Perdoe-me Dona Rã, mas minha natureza foi mais forte do que minha vontade".

Devemos sempre ter em mente que nem sempre nossa natureza está a nosso favor ou nos ajudando, mas ela é muito, muito forte, o que significa que, mesmo após mudarmos algum comportamento, teremos de ter atenção constante, pois nossos instintos tentarão nos colocar "no trilho" novamente, trilho esse que tanto nos esforçamos para deixar.

Dito isso, é importante que o coach entenda que as sessões em si formam um grande bloco no processo de coaching, e ele terá de analisar quantas foram disponibilizadas em cada caso, o que ele quer atingir e como o fará. Isso não é uma fórmula exata e não temos uma "receita de bolo". Mas, basicamente, nesse grupo de sessões, o coach terá de fechar o mapa com o perfil de seu coachee, reunindo todos os instrumentos que obteve até agora:

1. o *briefing* com a empresa;
2. a entrevista inicial com o coachee;
3. os *assessments* realizados (incluindo instrumentos);
4. o que foi indicado como objetivo para a definição de forças e necessidades.

Esse mapa nada mais é do que um funil, conforme podemos observar na figura a seguir.

Figura 5.9 – *Mapping*

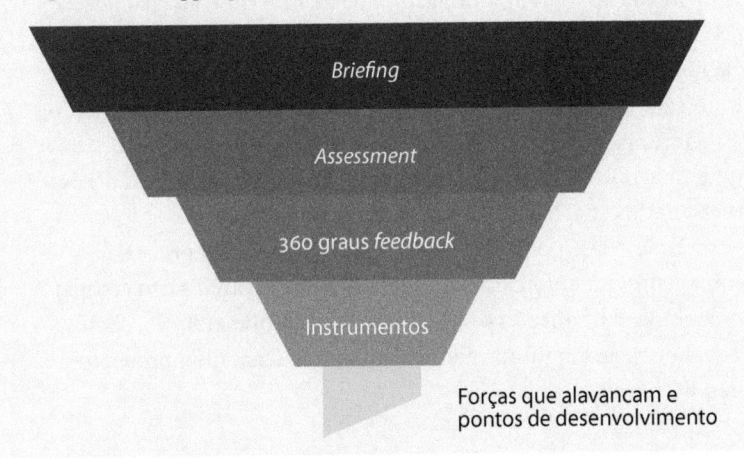

- Briefing
- Assessment
- 360 graus *feedback*
- Instrumentos

Forças que alavancam e pontos de desenvolvimento

Com isso em mãos, o coach terá os pontos comuns (tanto fortes quanto de desenvolvimento) e quais deles serão alvo de discussão para que um plano de ação seja desenvolvido.

Por exemplo, caso o coach tenha, para esse momento, um total de seis sessões, elas poderiam ser divididas do seguinte modo:

- Sessões 1 e 2 – Revisão do que foi levantado e discussão do mapa
- Sessão 3 – Elaboração do plano de ação
- Sessões 4 e 5 – Discussão do andamento do progresso

Claro que isso pode sofrer adaptações para cada coachee, mas, ao final, o importante é definir o mapa, estabelecer as ações e discutir como o coachee tem conseguido executar o plano. Por esse motivo, um processo de coaching com menos de seis sessões impõe limitações que podem prejudicar o coach.

O que é discutido em cada sessão depende do plano estabelecido no início, mas, além de seguir o plano, é fundamental que o coach entenda as prováveis mudanças no contexto. Em seis meses de programa, muita coisa muda, e é preciso que isso seja levado em conta.

Algumas regras importantes para as sessões são as seguintes:

1. O coach precisa ter em mente o que ele quer atingir e não deixar discursos "extras" atrapalharem os objetivos. Caso aconteça, ele precisa reprogramar as próximas sessões.

2. Falar menos e ouvir mais. Há coaches que se tornam muito diretivos e acabam tentando fazer a parte que cabe ao coachee. O coach não pode cair nessa "tentação", pois o coaching é do coachee, e não do coach. Ao mesmo tempo, há coaches que ficam muito calados. Deve haver cuidado em relação a isso, pois coaching não é terapia. O coach terá, sim, de dar sua opinião, discutir o que está acontecendo e pensar junto com seus coachees, os quais precisam dos coaches.
3. O coach deve sempre se atualizar um pouco sobre o que está acontecendo na empresa. É importante sempre analisar o contexto.
4. O coach deve finalizar a sessão destacando o que ambos, coach e coachee, fizeram juntos naquele encontro e em que momento estão do plano.

5.4.2 Plano de desenvolvimento individual

Chegou a hora de o coach definir um plano de desenvolvimento individual (PDI) para o coachee. Existem inúmeros formatos diferentes para que isso seja feito, mas, ao nosso ver, o mais importante é que o coach entenda o conteúdo que precisa ter no plano, e não o formato necessariamente.

Basicamente, um bom PDI é composto de algumas sessões de coaching, destacando-se:

1. a definição geral do contexto em que o coachee se encontra;
2. a definição de que objetivos de mudança comportamental o coachee deseja atingir;
3. o mapa contendo as definições, como forças e necessidades de desenvolvimento;
4. Para cada item de desenvolvimento, o coach deve indicar:
   - a descrição do item;
   - o que o coachee conquistará quando tiver mudado esse comportamento;
   - que ações o coachee terá de fazer para mudar;
   - quais forças o coachee tem que podem ajudá-lo nessa alavancagem;
   - como o coachee medirá o sucesso.

O mais importante do plano, como afirmamos anteriormente, é que o coach defina ações. Destacamos, nas figuras a seguir, dois exemplos para que isso fique bem claro a você, leitor.

Figura 5.10 – **Exemplo 1 de ponto de desenvolvimento e ações**

Exemplo 1
Item a ser desenvolvido: Melhorar comunicação

Ações possíveis:
- Ao iniciar reuniões, observar como as pessoas estão e o que esperar da minha comunicação.
- Ao fazer reuniões individuais, ao final, indagar meu interlocutor sobre o que compreendeu da minha fala.
- Ao encontrar pessoas, pensar e planejar para falar com elas da forma que elas precisam ser abordadas, e não da maneira que é mais confortável para mim.

Veja que, ao transformar em ação, a pessoa e a mente dela passam a entender o **que precisa ser feito**, e não somente o que é o item. Esse é o grande segredo de um coaching bem conduzido. É claro que as ações não são as mesmas, apesar de elas poderem se referir ao mesmo item. Cada pessoa terá um grupo de ações próprio, que dependerá do contexto, do que está acontecendo e do que elas querem atingir. Mas o coach deve ter cuidado para não tentar seguir um modelo para todos, pois isso não funciona!

Figura 5.11 – **Exemplo 2 de ponto de desenvolvimento e ações**

Exemplo 2
Item a ser desenvolvido: Ser mais assertivo

Ações possíveis:
- Nas minhas comunicações, planejar anteriormente a fala e como transmitirei o conteúdo.
- Dividir minha fala em grupos menores de comunicação, garantindo que os conteúdos realmente sejam direcionados aos objetivos definidos.
- Perguntar aos interlocutores se querem mais detalhes ou se devo parar a comunicação.

Após definido o plano e o coachee ter tentado implementar as ações e recebido os *feedbacks* necessários, é hora de o coach se preparar para a última sessão do processo.

5.5 A última sessão (fechamento)

Decidimos dar um destaque especial para a última sessão de coaching, pois o fechamento dos trabalhos precisa ser feito de forma adequada.

Podem acontecer muitas coisas diferentes nessa sessão. Às vezes, o coachee pede para que o trabalho seja estendido e haja mais algumas sessões. Caso seja essa a situação, será importante que o coach diga que isso precisa ser verificado com a empresa que contratou o trabalho de coaching. O coach pode fazer isso depois dessa sessão e retornar com a informação. Geralmente, quando esse desejo está presente, os coachees já perguntam sobre isso antes da última sessão, o que facilita o processo.

Quando o processo será realmente finalizado no prazo determinado, é importante que o coach reserve alguns minutos, nessa última sessão, para enfatizar que o coachee deve seguir agora por conta própria. O coach deve: orientar o coachee a manter seu plano de ação em vigor e fazer alguns pontos de checagem nos próximos meses; incentivar o coachee a montar novos planos de ação no médio e longo prazos para poder lidar com eventuais pontos de desenvolvimento que surjam no caminho; ensinar o coachee a se manter focado em seu autodesenvolvimento, de modo a melhorar cada vez mais.

O coach também pode fazer uma análise do programa, o que o coachee ganhou, o que atingiu, o que não conseguiu atingir. Além disso, o coach pode aproveitar a oportunidade para pedir um *feedback* sobre o processo e sobre a atuação como coach. É assim que melhoramos e nos aperfeiçoamos nesse campo. Ouvir os coachees contribui, e muito, para nossa própria melhoria.

Outra coisa que podemos fazer é nos colocar à disposição deles para mantermos o contato caso ele precise de alguma conversa no futuro. Essa é uma maneira de deixar nosso *networking* ativo e nossa rede de relacionamentos atualizada.

Nesse momento, podemos também informar que a empresa dele, responsável por nossa contratação, receberá um relatório formal informando o número de sessões realizadas e a finalização do processo. Novamente, devemos ressaltar que nada de conteúdo será compartilhado com a companhia, pelo menos não sem prévia aprovação. Geralmente, e principalmente, quanto mais alto o nível do coachee, menos informações são solicitadas pela empresa. Em regra, apenas nos dão *feedbacks* de como ele está mudando e no que vem se desenvolvendo. No próximo capítulo, trataremos sobre os relatórios para esses processos de coaching.

Queremos finalizar dizendo que não é fácil terminar processos assim, principalmente aqueles em que desenvolvemos uma boa química com os coachees. Mas é fundamental fazermos esse término formal, pois eles sentirão que precisam caminhar sozinhos a partir dali e isso faz parte de seu crescimento como pessoa e como ser humano. Essas últimas sessões, muitas vezes, geram um misto de sentimentos, algo entre felicidade pela evolução e dor pela partida. Não tenha receio nem culpa de sentir-se assim, afinal todos somos seres humanos, e os vínculos são parte de nossa vida.

6 Algumas questões trabalhadas com coachees

Em vez de fazer um capítulo de casos, optamos por dividir com você, leitor, algumas experiências de maneira diferente. Dividir casos é bom, mas tenho a sensação de que as pessoas são tão únicas que será melhor apresentar as necessidades que aparecem em processos de coaching de modo distinto. Talvez algumas delas poderão inspirar vocês na condução de seus processos junto aos seus coachees.

As pessoas são muito diferentes umas das outras, mas acabam enfrentando situações comuns e tendo de lidar com questões que podem tangenciar os mesmos assuntos.

O que indicamos a seguir é, de alguma forma, um sumário de itens que tem grande chance de aparecer diante de um coach quando ele conduz processos de coaching e que pode contribuir com alguns *insights*, ajudando coachees a solucionar as próprias questões.

Nem todos gostarão do coach, e o coach não gostará de todos.
Parece incrível a simplicidade desse assunto, mas ele é relativamente frequente nos processos de coaching. Demora um tempo significativo para as pessoas entenderem que o ambiente de trabalho não é 100% similar a um ambiente familiar ou escolar, onde as relações de amor e afeto são exigidas e esperadas por nós. É doído ter de discutir essa questão com alguns coachees e perceber a decepção e a frustração em seu olhar. Esperar consciente ou inconscientemente que os coachess amem os coachs incondicionalmente é imaturo e pouco realista. Não vamos gostar de todos com quem trabalhamos e vice-versa, mas isso não deve nos impedir de trabalhar com eles de alguma forma. Aliás, a maturidade para a liderança deve contemplar a capacidade de discernir isso. Primeiro, para que o líder não crie privilégios para os que gosta mais e tire privilégios dos que aprecia menos. Essa não é uma relação nem materna e nem paterna, é uma relação profissional. Ajudar o coachee a perceber, aceitar e se adaptar a isso é de suma importância para o desenvolvimento do coachee.

De alguma forma, em algum momento, o coach se sentirá discriminado.

Muitos executivos acham que a discriminação acontece somente naqueles grupos mais conhecidos, como das mulheres, dos homossexuais ou dos negros. No entanto, discriminação acontece o tempo todo nas empresas e pode acontecer com nossos coachees também.

Trazemos aqui esse assunto porque, não raro, é preciso ajudar as pessoas a perceberem uma situação em que estejam sendo discriminadas. Essas situações podem acontecer das mais diferentes formas. Por exemplo, alguém pode ser discriminado por ser muito inteligente ou por ser menos inteligente. Alguém pode ser discriminado por ter nascido em uma família rica ou por ter estudado em boas escolas ou universidades. Alguém pode ser discriminado por pensar de maneira X, enquanto o grupo pensa de maneira Y.

O coach precisa acreditar na possibilidade do ser humano de separar o diferente, ou de separar o que incomoda, ou de separar aquele que demonstra as características que de fato ele, como ser humano, desejaria ter. Muitas vezes, isso acontece de forma inconsciente, e a demonstração expressa é de aceitação, mas, de modo oculto, a discriminação está sendo evidenciada. Quando o coach se deparar com essa questão, deve fazer o coachee observar, pensar, desenhar hipóteses e possibilidades. Ao fazer isso, ele já estará um passo à frente do que chegou ao coach, quando não tinha a menor consciência do que poderia estar acontecendo. O coach não deve afirmar que isso está acontecendo, mas levantar ao coachee essa possibilidade. Trazer à consciência de alguém hipóteses de diagnóstico de uma situação já é de grande valia.

Esse é um mundo injusto, formado por uma parte de pessoas justas.

Também não é incomum encontrar coachees que apresentam uma série de situações em que foram ou se sentem "injustiçados".

Depois de tantos anos de trabalho, cheguei à conclusão de que não conseguimos evitar esse tipo de situação, mas a única coisa que podemos fazer é reagir de uma forma positiva e dar a volta por cima. Algumas pessoas são absolutamente justas e com certeza as encontraremos em vários momentos de nossa vida, mas outras não são, e as encontraremos também. O que quero alertar é que você deve ter cuidado para não se juntar ao seu coachee e reclamar junto com ele sobre um chefe ou um par injusto. Ao contrário, você deve mostrar que ele não é capaz de mudar o comportamento de ninguém, somente o dele.

A frase a seguir é digna de repetição:

> Nós não somos capazes de mudar o comportamento de ninguém, somente o nosso.

Parece simples, mas não é. É bem mais fácil quando alguém coloca a culpa no que o outro faz. Quando faz isso, a pessoa trava a possibilidade de melhorar, pois ela somente melhora quando o outro melhora. Quando eu trago a responsabilidade para mim, aí consigo mudar algo. Deve ser lembrado ao coachee que ele pode ter sido considerado injusto por outras pessoas, mesmo quando essa não era a intenção inicial.

A política corporativa varia de forma, dependendo da cultura organizacional.

Em tantos anos de prática, percebi que muitos profissionais falam de política corporativa como algo similar, como se isso envolvesse características parecidas. Muitas vezes, eles dizem: "Eu não sou político, eu não consigo fazer política". Minha percepção é um pouco diferente. Depois de lidar com tantas empresas, hoje assumo que a política corporativa, ou melhor, a navegação pelas políticas de uma organização é diferente quando a organização não é a mesma. Na minha percepção, alguns fatores contribuem para essa alteração:

- A cultura da organização
- As pessoas que estão ali naquele momento
- O contexto atual

Isso significa que podemos ser a mesma pessoa, mas a forma de nos conectarmos com as pessoas em uma organização terá de sofrer adaptações dependendo dos fatores que indicamos. Não pretendemos entrar em muitos detalhes sobre esse tema, pois somente aqui teríamos de escrever outro livro. Contudo, existe muito pouca literatura a esse respeito, então, para dar alguma ideia de como o coach pode lidar com essa questão com seus coachees, descrevemos, a seguir, algumas atitudes que podem favorecer essa navegação, lembrando, mais uma vez, que não há "receita de bolo", pois cada situação pode exigir coisas diferentes:

- Ter excelente capacidade de influenciar, educar e moldar as tomadas de decisão dos líderes de uma organização, principalmente em relação aos níveis mais altos da empresa – isso significa uma pessoa que flexibiliza o próprio estilo pessoal para conquistar corações e mentes.
- Ser alguém que se comunica com firmeza e persuasão, em diferentes interações, que podem envolver exposição a audiências pequenas ou grandes e de diferentes níveis hierárquicos.
- Criar credibilidade não somente quando fala da própria área funcional, mas também do negócio como um todo.
- Estabelecer com certa facilidade conexões e relacionamentos duradouros com os principais *stakeholders* e colegas de trabalho.
- Ser capaz de confrontar situações desafiadoras com integridade e coragem.
- Ser capaz de fazer perguntas difíceis e resistir às pressões internas, mantendo uma atitude construtiva e positiva.
- Ser capaz de tomar decisões difíceis no interesse do negócio, mesmo sendo criticado.
- Manter o equilíbrio emocional, mesmo em ambientes adversos.
- Demonstrar um senso claro de seus valores.

Nada disso define a capacidade de um profissional de navegar eficazmente, mas quando esses profissionais não apresentam a maioria desses itens, podem acabar falhando nas conexões que fazem, nas decisões que tomam ou na imagem que projetam.

O coach não deve ser ingênuo, nem acreditar em todos.
É incrível como a ingenuidade pode atrapalhar em diversos momentos.

> Tenho encontrado pessoas de níveis diferentes de ingenuidade, e o mais interessante é que, apesar de o tema ter, é claro, alguma conexão com a idade, esse não é o fator principal. O que quero dizer com isso é que encontrei pessoas mais jovens e menos ingênuas e encontrei pessoas mais velhas e ainda ingênuas. Para mim, existem diversos fatores que influenciam o tema, alguns ligados à experiência

> pregressa da pessoa, principalmente fatores infantis ou de sua adolescência, mas acima de tudo acho que existe um fator inato também. Por exemplo, apenas para ilustrar o que estou falando, uma pessoa que tem por perfil ser mais desconfiada, tem mais chances de ser menos ingênua mais cedo.

Existem outros fatores, mas o objetivo aqui é indicar que o coach deve estar atento, pois, às vezes, as questões que envolvem um processo de coaching estão relacionadas a uma postura ingênua na leitura de pessoas e ambientes. Não é todo indivíduo que está atento ao que motiva outras pessoas a agir de certa maneira e, muitas vezes, tentam buscar respostas em seu próprio estilo em vez de gerar hipóteses sobre as motivações alheias. Pelo sim ou pelo não, essa característica é importante de ser desenvolvida de maneira geral, para que esses profissionais tenham sucesso no mundo corporativo.

O coach sempre chamará a atenção quando estiver nas pontas das curvas do resultado, ou muito baixo ou muito alto.

> Esse item acho que capturei muito da minha própria experiência como executiva. Há momentos na vida em que você se afasta de atividades técnicas e passa a gerenciar tarefas, decisões, pessoas e resultados. Foi nesse momento da minha vida que tive esse *insight*, depois confirmado pela maioria dos meus coachees. Ficamos em evidência quando estamos indo muito bem ou quando estamos indo muito mal. Quando nossos resultados nos colocam mais para o centro em comparação com os resultados dos outros, podemos até "passar meio despercebidos". Isso não é para sempre, mas, naturalmente, ficamos em menos evidência. Já tive em processos de coaching ambas as situações. Isso é de vital importância para você entender o que acontecerá com seus coachees quando estão em uma ponta ou na outra.

- ♦ Resultados altos – é uma posição mais confortável para o executivo em geral, mas desperta muito ciúmes e exposição. É importante, nesse momento, saber lidar com a incrível e forte tendência de acharmos que somos o máximo, que somos super heróis ou que isso durará para sempre. Cuidado, uma atitude errônea ou de arrogância aqui pode fechar portas futuras com colegas, chefes e até com a equipe.

- Resultados baixos – Sempre uma posição difícil, pois nos colocam em evidência e exposição, fazendo com que surjam sentimentos de menos valia, baixa e autoestima e insegurança. Da mesma maneira que no item anterior, temos de tomar cuidado, mas, aqui, tomar cuidado para não termos atitude depressivas, negativistas, pessimistas ou de gerar desculpas. Precisamos também lembrar que a situação não dura para sempre.

Ambas as hipóteses mexem com sentimentos mais profundos e colocam o profissional à prova. O coach deve acreditar que o coachee sofre com isso. São situações muito difíceis e que afetam, além da rotina diária do indivíduo, as atitudes em casa e nas relações com os amigos. O coach deve ouvir os coachees, dar-lhes apoio, perguntar sobre sentimentos deles. Isso irá ajudá-los muito. O coach deve lembrar a eles que se trata de situações passageiras, pois, quando uma pessoa está em uma situação difícil, acha que isso durará para sempre.

Ao final de tudo, o coach só contará com ele mesmo por causa do *"me issue"*.

Pensei bastante se iria incluir esse item aqui, pois não quero parecer pessimista. Há muitos anos, tive contato com um pequeno filme que circulou entre muitas pessoas na época e que até hoje encontro comentários sobre ele. Chama-se *Filtro solar* e foi feito de um discurso para formandos nos Estados Unidos. Caso você nunca tenha assistido, recomendamos fortemente (Bial, 2003). É fácil encontrá-lo na internet, mas tente achar o original. Nesse filme, há um momento que aborda essa questão de que, ao final, cada pessoa contará apenas consigo mesma. Eu acabei juntando esse aspecto com outro que aprendi com meu primeiro chefe efetivo, que era o CEO (Chief Executive Officer) da empresa para a qual vendi minha primeira empresa. Ele falava sobre a teoria do *"me issue"*, que poderíamos traduzir como "meu problema". Essa teoria fala sobre o quanto todos nós acabamos nos preocupando conosco mesmo em primeiro lugar. Claro que há variações e diferenças, mas, muitas vezes, antes de entendermos o impacto de algo para os outros, acabamos pensando no impacto para nós. É por isso que cheguei à conclusão de que temos de nos cuidar no sentido de não criarmos grandes expectativas a respeito das outras pessoas. Conheci uma pessoa, certa vez, que me disse o seguinte: "Quando você não espera nada do outro, tudo o que vem é lucro".

Claro que é apenas uma expressão, mas o importante é ter em mente que o coach não pode deixar o coachee delegar a responsabilidade ou as coisas essenciais da vida dele para quem quer que seja. O coachee deve ser ajudado a ganhar a consciência de que ele deve fazer por si próprio sempre. As decepções e as frustrações dele serão menores assim.

O coach não deve iludir-se, pois os chefes dele já passaram por coisas que ele acha que são novidades.

> Darcio Fabra Navarro, pai de um amigo meu, falava: "O diabo é o que ele é, não é porque ele é diabo, é porque ele é velho". Aprendi isso ao longo da minha vida. Quando somos jovens, demoramos para entender que a prática nos ensina muito mais que a teoria. A teoria nos dá a base para vivenciar as coisas na prática, mas o mundo se repete. E ele pode se repetir de maneiras diferentes e com recursos diferentes, mas ele se repete.

O que uma pessoa está passando, de alguma forma, já foi vivenciado por alguém mais velho que esteja por perto. Destacamos isso porque, em processos de coaching, é importante um jovem profissional entender as resistências dos mais velhos. Dizemos *resistência* pois há muita. Quando já vivenciamos as coisas, também esquecemos que os mais jovens querem tentar, como todos tentamos antes. O coach precisa compreender essas disputas para poder orientar seus coachees e torná-los conscientes desses fatos. Isso pode ajudar significativamente os relacionamentos se aprende a compreender a lógica e as motivações das outras pessoas, além das próprias.

O coach precisará das pessoas, de umas mais, e de outras, menos.

Existem pessoas que acreditam ser autossuficientes. Até pode ser que sejam para muitas coisas da vida, mas, com certeza, não o são para todas as outras pessoas. Também há pessoas completamente dependentes de outras. Esses extremos não são saudáveis, e o coach deve ajudar os coachees a encontrarem um meio termo, separando o que podem e querem conduzir sozinhos do que necessitam e podem dar abertura para receber ajuda. Isso pode parecer um assunto óbvio, mas de fato não o é. Algumas das questões discutidas em coaching podem estar relacionadas com o espaço de ajuda que a pessoa oferece ou permite que ofereçam a ela, incluindo o próprio projeto de coaching.

> Pode parecer estranho, mas já senti coachees que pareciam querer provar que os conteúdos discutidos já eram de seu conhecimento ou que nada de novo estava sendo agregado.

É nessa hora que, novamente, reforçamos que a psicologia ajuda e dá segurança ao coach para sair da discussão do fato e ir para a discussão do sentimento. Isso significa o coach parar de discutir o quanto o conteúdo está agregando para perguntar ao coachee: "Gostaria de dizer a você como eu estou me sentindo nesse momento. Sinto que tudo o que estou falando parece ser em vão. Como se você já soubesse de tudo. Então, penso: Por que você escolheu fazer esse processo?", e, em seguida, calar-se. Acredite, leitor, a única coisa que é útil para parar uma discussão inútil é mostrar o sentimento atrás dela. Repare que a fala do coach diz respeito ao próprio sentimento, e não ao do coachee. Essa também é a maneira de conseguir uma porta de entrada com as pessoas.

> A prática como psicanalista por 13 anos me ajuda muito aqui, pois tenho de controlar a raiva que posso estar sentindo e separá-la daquela pessoa que está à minha frente e que, na maioria das vezes, não tem a menor ideia do que está fazendo. Não é algo pessoal, direcionado a mim, mas à sua dinâmica de existir como ser humano. Muitas vezes, após essa colocação, temos reações do tipo: "Olha, sabe que muitas pessoas já me falaram isso!", ou algo assim: "Nossa, minha mulher (ou marido), me fala isso o tempo todo", ou até: "Discordo", "Não" e "Isso não". Vão embora e, na sessão seguinte, dizem: "Você tinha razão, eu faço aquilo mesmo que você falou".

Uma intervenção desse gênero é de valor imensurável. Sabe por quê? Porque o coach está compartilhando algo que as outras pessoas não têm coragem de dizer ao coachee. O coach deve acreditar 100% no que ele está sentindo na relação com o coachee, porém, deve encontrar o momento e a hora certa para compartilhar.

O coach deve ter cuidado com suas duas saúdes, a mental e a física. Quando ele menos esperar, precisará delas.
É importante que o coach sempre lembre que, na condição de seres humanos, temos um corpo físico e um emocional. Muitas vezes, pode acontecer de o corpo físico influenciar o emocional, apesar acreditarmos que é o inverso que acontece o tempo todo. A psicossomática[1] estuda isso – uma ciência que, caso o coach a estude, poderá ajudá-lo a entender essa relação. O que queremos destacar aqui é que o coach precisa prestar atenção na saúde mental e física de seus coachees. Não raro, é necessário apontar aos coachees a necessidade de se tratar, física ou mentalmente. O coach não pode cair na tentação de fazer terapia em seus processos de coaching, pois esse não é o objetivo.

O coach deve buscar ajuda.

> Uma das coisas que mais gosto de discutir com meus coachees é sua capacidade de buscar ajuda sempre que precisar. Para pedirmos ajuda, é importante estarmos abertos a receber a ajuda solicitada. Aprendi que só pede ajuda quem tem autoestima, pois é preciso reconhecer nossas limitações para que possamos solicitar apoio.

Uma pessoa que pede ajuda a pessoa certa recebe a informação de que necessita e abre um canal de comunicação. O coach deve incentivar o coachee a pedir ajuda de quem ele necessita ajuda, independentemente do nível hierárquico que essa pessoa tenha na empresa.

A maior arma pessoal é a autoestima. Sem ela, as pessoas perdem oportunidades na vida.
Deixamos para o ponto final aquilo que consideramos fundamental notar em um coachee. A maneira como uma pessoa ama e respeita a si própria faz toda a diferença na vida inteira dela, pessoal e profissional. Definir autoestima é difícil, pois ela aparece de maneiras diferentes. Mas vou dividir com você uma definição que tenho aprendido com meu trabalho na YSC – Young Samuel Chambers.

Autoestima ou autoconfiança é a crença real, profunda e duradoura nas próprias intenções e capacidades. Pessoas com autossegurança não

---

[1] As doenças psicossomáticas são causadas por problemas emocionais do indivíduo e representam a ligação direta entre a saúde emocional e a física.

são cegas a riscos nem deixam de perceber limitações ou eventuais problemas, mas têm um senso real de que serão capazes de utilizar seus melhores recursos diante desses desafios. Essa crença forte em si mesmo está presente, geralmente, desde a idade mais precoce. Ela pode, é claro, sofrer mudanças pelo ambiente e pela história de vida que a pessoa tem, mas sua essência sobrevive a exposição, dificuldades e decepções reais que acontecem na vida prática.

> Fácil? Talvez fácil de entender, mas nem sempre fácil de encontrar. Uma das coisas que mais tenho trabalhado em coaching é a busca ou o resgate da autoestima. É ela que nos faz avançar diante de muitas dificuldades. Isso não é diferente com nossos coachees.

Esse processo de resgate é lento e difícil, mas pode ser estimulado em processos de coaching, desde que o diagnóstico nos aponte para isso. Nem sempre um coachee fala de imediato sobre isso, mas se for criada com ele uma relação de confiança, com o tempo isso vai aparecer. Sabe por quê? Porque isso não é algo que surge com a idade adulta. Está enraizado nas pessoas e se manifesta de diferentes formas. Trabalhar o desenvolvimento de autoestima é algo difícil. Exige que o coach tenha diagnosticado corretamente e consiga apoiar seu coachee, mostrando o quanto ele está pronto para cada situação. Às vezes, o coach pode se sentir como pai ou mãe do coachee, dando apoio e segurança para que o filho enfrente situações difíceis. Claro que de uma forma adulta, planejada e profissional, mas o sentimento de pequenas vitórias alimenta o ego. O coach conseguirá ajudar seu coachee se conquistar com ele essas pequenas vitórias, mostrando aquilo que está dando certo e aquilo que está evoluindo. No entanto, para cada ser humano, a fórmula será diferente. Um único remédio não serve para todos os doentes. Um conselho aqui seria: o coach deve estudar o tema que aflige cada coachee, pois isso o ajudará muito com os coachees.

Não poderíamos encerrar este capítulo sem destacar que a autoestima de um coach faz toda diferença, ou, até mais que isso, que não é fácil conduzir processos desse gênero se o coach não acredita em si próprio, em seus *insights*, em seu discernimento, em sua força e em sua capacidade. Conhecer a si mesmo e desenvolver-se deveria ser obrigatório a todos os coaches. Na verdade, é obrigatório, pois sem isso, em algum momento, as coisas podem ficar difíceis. O coach precisa levar a sério sua formação e sua evolução, o que, com certeza, será recompensado pela confiança que os coachees depositarão nele.

7 Desafios de ser consultor

> A minha vida inteira fui consultora. Exceto um primeiro estágio curto em Recursos Humanos, minhas experiências giram todas nessa área, ou como dona de empresa, ou como executiva de consultoria internacional. Isso não é por acaso e já refleti muito sobre a minha escolha. Quando pensei, em alguns momentos, em atuar como executiva de Recursos Humanos ou em algum outro setor, rapidamente desisti. Meu perfil se adapta muito ao que um consultor deve gostar de fazer. Primeiro, porque amo pessoas e, mais do que isso, amo ajudá-las a se conhecer e se desenvolver. Segundo, porque amo o mundo corporativo e a possibilidade de atuar nele olhando de fora, dando ideias, pesquisando, trazendo informações importantes para quem está dentro. Essa diversidade de empresas, pessoas, situações, problemas e histórias me alimenta e me enriquece. Apesar de já ter sido funcionária, após ter vendido minha empresa, amo ser empresária e é onde me sinto mais à vontade. Pode ser estranho para alguns, mas eu gosto do risco. Quem gosta do risco também gosta de independência, de liberdade e de autonomia. Uma coisa compensa a outra. Além disso tudo, gosto de dar empregos às pessoas, de ajudá-las a crescer. Em troca, sou exigente, muito exigente com elas. Mas essa exigência está muito ligada ao fato de, logo de início, eu ter percebido que atuar em consultoria de Recursos Humanos é mexer com vidas humanas, e isso é de uma responsabilidade gigantesca.

Dessa forma, se um coach está em dúvida sobre a profissão ou se está começando agora, deve lembrar-se de que se trata de um trabalho sério e que, para executá-lo, serão necessários equilíbrio emocional, calma, autoestima e autossegurança, além de muita resiliência e determinação.

Um livro que pode ajudar a pensar sobre essa carreira, é um livro antigo, que li há muito tempo, mas que, após todos esses anos, continuo recomendando. O título é *A vocação de consultor*, e seu autor é Geoffrey M. Bellman (1993). Nesse livro, Bellman faz uma afirmação que nunca mais esqueci. Ele afirma que, como consultor, sempre enxergou esse trabalho como a parte principal de sua vida e que faria o mesmo trabalho, mesmo que não fosse pago para fazer. Talvez você ache isso um pouco extremo, mas preciso confessar que é exatamente assim que sempre me senti. Meu trabalho me leva para lugares de reflexão tão mágicos que dificilmente eu encontraria em outras dimensões. Além disso, mesmo tendo ganhado dinheiro com a consultoria, eu faria tudo o que fiz de graça. Claro que não é possível fazermos isso, pois todos precisamos viver e pagar contas, mas sempre entendi a afirmação de Bellman como se referindo ao fato de a questão monetária não ser o maior valor ou o principal objetivo. E, para mim, nunca foi, não é e nunca será. Muitas vezes, atendi pessoas sem cobrar ou dei horas a mais a elas porque precisavam. Nunca me importei de não estar ganhando nada naquele momento. Isso também não quer dizer que, diante de um cliente ou de uma concorrência, eu não lute pelo melhor projeto, mas, de novo, esse não é o foco primordial. Já me perguntei o que faria, no dia seguinte, se ganhasse na loteria. Sabe que evito contar isso às pessoas, pois acho que elas não entenderiam, mas eu iria trabalhar e continuaria trabalhando. Primeiro, porque amo o que faço, e segundo, porque as pessoas ali agendadas estão me esperando. Afinal, que culpa elas teriam de eu ter ganhado na loteria, não é mesmo? Acho que isso é o que me alimenta e o que me dá energia para continuar, todos os dias, mesmo alguns sendo mais difíceis do que outros.

Eu quis escrever esse pequeno trecho para dividir com você, leitor, como me sinto e quem sabe inspirá-lo nessa jornada. Trabalhar com pessoas é uma missão de vida. O coach deve sempre ter isso em mente.

Neste capítulo, veremos alguns aspectos práticos dos processos de coaching e que como a maioria dos trabalhos de consultoria demanda questões burocráticas a serem solucionadas. Preocupei-me em relatar esses processos na prática, pois, na teoria, é mais fácil de encontrarmos informações a respeito.

Não há aqui muitos modelos prontos ou formatos definidos, até porque eu nunca tive isso na minha vida. Aprendi a entender do que eu precisava e a criar meus próprios modelos. Isso ajuda muito o coach a fazer o que for preciso sem ter de usar modelos prontos, feitos por outras pessoas. É claro que esses modelos podem ser utilizados, mas, quando o coach aprende a desenhar os próprios modelos, cria uma marca pessoal e forte.

7.1 *Briefing* com clientes

Um processo de coaching em que o coach é remunerado por uma companhia exige um manejo de relações com algumas características. Primeiro, o cliente que paga não é a pessoa que diretamente usufrui do programa.

Segundo, mesmo sem querer ou perceber, o coach fica no meio da teia de relações humanas ali presente e precisa ter maturidade e inteligência para lidar com isso.

A função de um *briefing* inicial é permitir que o coach entenda o que está acontecendo. Já aconteceu de clientes me ligarem com uma demanda de coaching e, ao conversar, eu perceber que eles necessitavam de outra coisa. É preciso que o coach tenha cuidado! É essencial que o coach entenda a demanda e acredite que o processo que ele está pronto para entregar tem grandes chances e pouco risco de solucionar aquela expectativa.

Nesse tipo de programa, muitas vezes o coach trata com a companhia antes mesmo de conhecer o coachee.

Assim, de forma geral, é importante que o coach compreenda:

- quem é essa empresa, o contexto atual e as características de cultura dela;
- de qual área é o coachee e que desafios essa área enfrenta no momento;
- qual é a posição que o coachee ocupa na hierarquia, ou seja, em que escalão ele se encontra, considerando o presidente como primeiro escalão;
- quem são os pares do coachee;
- quem é o chefe do coachee;
- que tamanho de equipe o coachee tem;
- o que está acontecendo com o coach no momento.

Outra questão que ajuda muito é que o coach saiba, ao término dos trabalhos, o que essa empresa espera atingir com o programa de coaching.

7.2 Propostas de serviço

Geralmente, a proposta de serviço serve como contrato. Algumas vezes, o cliente solicitará algum apoio da área jurídica para elaborá-lo. Assim, destacamos, a seguir, alguns pontos importantes sobre o contrato para prestação de serviços de coaching.

7.2.1 O contrato

O que vou relatar aqui vem da minha prática do dia a dia em processos de venda para companhias. Na maioria dos casos, eu diria, em 95% deles, o processo segue a seguinte sequência: a empresa nos relata sua demanda e solicita uma proposta de serviços; elaboramos e enviamos essa proposta; ela é aprovada pela área de Recursos Humanos; após, alguém da área financeira ou de compras inicia o processo de negociação conosco, baseando-se na mesma proposta enviada anteriormente. Raríssimamente somos solicitados a transformar essa proposta em um contrato de caráter legal ou jurídico. Quando isso acontece, basicamente fazemos a composição de um documento simples, com nossos dados, dados dos clientes, características do processo, valor e forma de pagamento e algumas premissas sobre cancelamento. Nada mais do que isso. Quando a empresa necessita de algo mais robusto, seu próprio departamento jurídico acaba por revisar ou, eventualmente, acrescentar algo em nosso modelo inicial, mas nada absurdamente complicado.

7.2.2 A proposta

Da mesma maneira, a proposta, ao nosso ver, não deve ser complicada. Em vez de apresentar algum modelo pronto, preferimos colocar os itens que devem estar comtemplados para que você possa criar o seu modelo. Basicamente, a proposta deve conter os seguintes itens:

- Histórico da empresa do coach e alguns clientes atuais.
- Descritivo rápido da metodologia que o coach segue, ou seja, algum conteúdo conceitual.
- As fases do trabalho, envolvendo os instrumentos que serão utilizados, como serão executados e o tempo de duração.
  Aqui também é necessário que o coach contemple o número aproximado de sessões que está propondo para aquele coachee, a periodicidade e o processo de finalização.
- Parte final com o valor do investimento por fase. Nessa parte, é importante destacar as condições de pagamento, as regras de cancelamento de sessões e, caso o projeto seja cancelado, o que será

devido à consultoria. Além disso, deve ser indicada a previsão do valor de sessões extras, caso o programa tenha de ser estendido.
* A biografia do coach que comandará o projeto.

Esses são os itens básicos. O que podemos dar de dica aqui é que é melhor manter a proposta mais objetiva do que extensa. Caso o cliente deseje esclarecimentos sobre alguma das partes, ele pode solicitar. Geralmente, os documentos são enviados às empresas sempre em formato PDF (Portable Document Format), para garantir a integridade do material, e as propostas são elaboradas no Power Point ou em outro *software* de criação de apresentações.

Outro ponto importante é que o coach tenha um sistema de arquivos eficiente, em que rapidamente encontre as propostas quando necessário. Nós preferimos nos organizar por clientes e por ano específico. Já tentei outras formas, mas essa é a que melhor funciona para nós.

7.3 Confidencialidade e sigilo

Uma das coisas que mais deve ser preservada no trabalho de coach é o sigilo e a confidencialidade. Todos os materiais devem ser tratados com de forma confidencial, pois contêm informações de pessoas, e esse tipo de informação só interessa à própria pessoa. É muito importante que o coach aprenda isso o quanto antes possível. Anotações sobre sessões, conversas com clientes etc. precisam ser guardadas a sete chaves, acessíveis apenas por quem necessita delas. Além disso, como psicóloga, tenho de guardar todas essas sessões por até cinco anos após sua realização. Por segurança, eu as guardo para sempre, bem guardadas. Já precisei buscar informações em casos muito antigos e aprendi que guardá-los é importante e traz segurança, a nós e aos coachees.

Outro ponto relevante é que o coach deve evitar comentários sobre a vida, a situação e as questões enfrentadas pelos coachees. Eu busco tratá-los como imagino que eu gostaria de ser tratada. Isso nos ajuda a discernir e a refletir sobre isso.

7.4 Relatórios

Aqui temos um tema mais complexo. O coach terá de aprender a se posicionar sobre isso ao longo de sua carreira. Vamos a ele.

7.4.1 Confidencialidade

Primeiro, como já destacamos anteriormente, o coaching é um processo em que uma empresa paga e um profissional usufrui. Porém, são os coaches que estão no meio dessa relação. Assim, logo de início, é fundamental que o coach eduque os clientes que precisam ser educados, destacando que esse trabalho exige confidencialidade. Sem esse sigilo, a relação de confiança que tem de ser estabelecida entre coach e coachee não acontece. Quando uma empresa tem pessoas de Recursos Humanos seniores, experientes ou que entendem esse conceito, tudo fica mais simples. Mas, quando isso não acontece, o coach precisa atuar e estabelecer limites.

O que o coach conversa com seu coachee é absolutamente confidencial, e o que o chefe imediato do coachee ou a área de Recursos Humanos conta para o coach, também. Quando algo nessa relação começa a pressionar o coach a revelar informações sigilosas, o que pode ser feito é ser agendada uma conversa entre o coach, o coachee e seu chefe. Nessa conversa, pode estar presente também a pessoa de Recursos Humanos. Ali pode ser discutida qualquer questão sobre a qual o coachee deseje falar, porém, é escolha dele falar sobre o assunto, e não do coach. A isenção do papel do coach é fundamental para o sucesso do trabalho. O coach não pode permitir que o processo de coaching seja utilizado para que mensagens sejam enviadas de um lado para o outro, porque, nesse caso, esse profissional será o mensageiro delas, e esse não é o papel dele. Nem sempre isso ocorre de modo intencional ou planejado, muitas vezes acontece, pois é a forma que as pessoas encontram de desabafar – mas não é algo saudável nem funcional. O coach precisa manter seu papel de isenção. Isso será melhor para o coach, o coachee e a própria organização.

7.4.2 Relatórios

Esse é um tema que gera enormes dúvidas e discussões. Acreditem que, na minha carreira, eu já trabalhei com inúmeras formas diferentes de relatório e posso dividir com vocês a que uso atualmente.

Primeiramente, ao iniciar um processo de coaching, é muito importante que o coache defina com a empresa-cliente os limites que um relatório vai apresentar.

Quando uma empresa necessita de um relatório, o máximo que costumo enviar é algo que relate o número de sessões realizadas e o tema delas, ou seja, exatamente o que está descrito na proposta de trabalho. Assim, pode ser indicado, por exemplo, que, na sessão 2, foi discutido o instrumento tal, ou, na sessão 7, foram trabalhados os itens do plano de desenvolvimento. Eu jamais relato o conteúdo da conversa que tive com meus coachees e, desde o início, do programa a empresa sabe disso. Se trata apenas de um relatório que informa as datas de cada etapa.

Quando a empresa não precisa desse relatório, o que pessoalmente para mim é melhor, eu me organizo de outra forma. Mais ou menos no início, no meio e ao final do programa eu agendo conversas com a pessoa de Recursos Humanos do cliente e informo sobre o que tenho feito com o coachee, onde estamos e como estou percebendo seu engajamento no trabalho. Nessa conversa, é importante entender se ele ou ela está apresentando mudanças comportamentais e a evolução percebida pela companhia. Essa prática tem apresentado resultados ótimos. A empresa fica informada e pode ser discutida a evolução do coachee, e não o conteúdo das conversas. Após essas conversas, eu sempre informo meu coachee de que elas foram feitas e, geralmente, eles aceitam e confiam no que estou relatando. É uma forma boa, simples e efetiva de manter a empresa perto do coach na condução do processo.

7.5 Pesquisa de satisfação

O término de um projeto de coaching, além da condução da entrevista final, pode ser acompanhado de alguns tipos diferentes de pesquisa, conforme veremos a seguir.

7.5.1 A pesquisa com os *stakeholders* do *feedback* 360 graus

Em acordo com o coachee, o coach pode enviar uma pesquisa *on-line* para as pessoas que participaram desse *feedback* no início dos trabalhos de coaching. As perguntas, em geral, são elaboradas em conjunto com o coachee e são simples e diretas. O coach deve buscar entender como estão as percepções desses *stakeholders* em relação aos comportamentos que ele busca trabalhar. Algo rápido, simples e eficiente.

Quando querem, podem ser estimulados a discutir o resultado dessa pesquisa com seu chefe imediato e Recursos Humanos. Pode ser uma grande oportunidade de averiguar a evolução e ambos os lados perceberem os resultados que o trabalho trouxe.

7.5.2 A pesquisa com a empresa-cliente

A pesquisa com a empresa-cliente se trata, basicamente, de um bate-papo que pode ser agendado com a empresa para tratar do progresso do coachee e, é claro, ouvir *feedbacks* sobre o trabalho de coaching. Estar próximo de seu cliente, sempre, é o que tornará essa relação algo forte e duradouro. É importante que o coach invista tempo nessa relação.

Considerações finais

Chegamos ao momento ao final desta obra. Toda profissão que escolhemos e tudo aquilo a que nos propomos a fazer, em nossa opinião, tem de ter algum embasamento teórico e técnico. Nada se aprende sem acreditarmos que há algo a ser aprendido. Particularmente, defendo a necessidade de regularização da profissão de coaching, ainda que, inicialmente, por meio de cursos de formação e certificações. Enquanto isso não acontece na prática, temos de apelar ao bom senso de cada profissional. Estudar, perguntar, descobrir, praticar devem sempre estar na lista de prioridades de cada profissional. Nesta obra, buscamos trazer um compilado de informações que estão dispersas e, mais do que isso, buscamos compartilhar tudo o que já tivemos a oportunidade de vivenciar. Lidar com seres humanos é uma ciência, e uma das mais difíceis. É preciso coragem, determinação e resiliência.

Esperamos que esta obra não seja o final, mas sim o início ou o fortalecimento de seu aprendizado. É preciso ter em mente que o coach deve tratar os coachees com respeito e carinho. Isso é importante para eles, e mais ainda para o coach.

Há muitas fontes a serem consultadas e inúmeros livros de referência. Basta ter disponibilidade e interesse.

Desejamos sucesso, sorte e muita energia para você trilhar qualquer um dos caminhos de descoberta. Acredite que pode, faça com o coração e sua jornada será maravilhosa. Depende de você!

Glossário

Approach – É o termo em inglês utilizado para se referir a tipos diferentes de abordagens.

Background – É o termo em inglês que se refere às características pregressas de um profissional, como experiência, formação etc.

Boards – Palavra em inglês que se refere aos diversos conselhos de administração ou comitês executivos que uma companhia pode ter.

Briefing – É um conjunto de informações e dados que são utilizados como base para o desenvolvimento de um projeto, ação ou atividade. Trata-se de um conceito muito utilizado no mercado e funciona como uma grande ferramenta de alinhamento antes do início de um projeto, a fim de que o resultado esteja de acordo com o que é esperado para aquela demanda.

Budget – Termo utilizado para falar sobre orçamento. O *budget* é basicamente o orçamento que uma área, uma pessoa ou um negócio tem para investir em determinada ação. Pode variar bastante de acordo com cada situação, mas funciona como um significativo norteador para os investimentos e as tomadas de decisão das pessoas dentro de uma empresa.

C-Suite – Termo utilizado para se referir aos executivos seniores de uma companhia. Nesse contexto, a letra "C" no início da palavra significa *chief* (chefe). Os cargos normalmente são CEO, COO, CFO, entre outros, e são as principais posições de liderança da companhia responsáveis pela estratégia e pela cultura da organização. Esses executivos têm grande influência na organização como um todo e ocupam o cargo mais alto do organograma para cada área funcional.

CEO (Chief Executive Officer) – Expressão que, em português, significa "diretor executivo", porém, é importante ressaltar que integra o primeiro escalão das companhias, geralmente reportando-se ao Conselho de Administração. É um cargo de extrema importância dentro da organização. O indivíduo na posição de CEO tem como função definir, comunicar e garantir a execução da estratégia do negócio, promover uma cultura em que as pessoas possam conectar seu significado e seu propósito pessoal à missão, à visão e aos valores organizacionais. Além disso, a pessoa nessa posição precisa construir um time de alta *performance* para que, juntos, possam atingir o sucesso do negócio.

CFO (Chief Finacial Officer) – Expressão que, em português, significa "diretor financeiro". Essa pessoa tem como principal objetivo garantir a saúde financeira da empresa. Ela precisa acompanhar os volumes de fundos para permitir o investimento em crescimento e maximizar o valor para o acionista. É importante que o CFO garanta os registros precisos das transações financeiras e tenha relatórios de desempenho compatíveis. A pessoa nesse cargo precisa fornecer informações aos principais interessados sobre os resultados e as atividades, além de gerenciar riscos financeiros e desenvolver sistemas de controle financeiro. O CFO funciona como grande parceiro de negócio para apoiar o desenvolvimento e a execução da estratégia por meio de *insights* de negócios pertinentes e objetivos.

Coach – No contexto deste livro, é o profissional responsável por conduzir o processo de coaching, funcionando como um facilitador do programa. O coach traz ferramentas, coleta dados e propõe reflexões que ajudam o coachee a produzir resultados, realizar mudanças e atingir o sucesso que almeja em sua vida pessoal e profissional. Salientamos que esse profissional deve buscar certificações específicas por meio de instituições acreditadas pelos órgãos mundiais de coaching.

Coachee – É o indivíduo que se submete a um processo de coaching. Ele trabalha em parceria com seu coach no estabelecimento de metas e objetivos para o programa. Além disso, é a peça-chave para que as mudanças aconteçam e o sucesso seja alcançado. Uma grande parte do trabalho de coaching depende do coachee, de seu foco, de sua dedicação e de seu esforço no processo.

Coaching – É um processo de parceria entre o coach e o coachee e funciona como uma ferramenta de desenvolvimento que ajuda o indivíduo a fazer mudanças de comportamento para que ele possa atingir o sucesso. O coaching amplia a consciência de uma pessoa, propiciando a ela fazer escolhas mais conscientes, produzindo mudanças e maximizando seu desempenho.

Conselhos de Administração – É muito importante para uma organização e trata-se de uma prática de governança corporativa de muitas empresas. Esse conselho funciona como uma estrutura organizacional que atua no alinhamento de interesses entre a gerência executiva e os proprietários da companhia, sendo o elo entre todos. Ele faz a supervisão dos trabalhos de uma empresa, com base na estratégia organizacional que foi definida, orientando a empresa de forma geral e posicionando o relatório contábil. O CEO normalmente precisa reportar-se ao conselho e se relaciona com esse grupo com muita frequência, esclarecendo informações sobre a companhia para os membros.

COO (Chief Operating Officer) – Expressão que, em português, significa "diretor de operações". Esse cargo faz parte do C-Level da companhia, e sua principal responsabilidade é coordenar e acompanhar as rotinas operacionais da empresa. O COO precisa ser capaz de garantir que a operação do dia a dia da organização esteja alinhada com a estratégia do negócio e com o futuro da organização.

Counseling – Expressão traduzida como "aconselhamento", tem como objetivo ajudar o indivíduo em suas escolhas de âmbito pessoal e profissional. Assume um direcionamento para a jornada de carreira.

Crescimento orgânico – Trata-se da expansão de um negócio que acontece por aumento da produção e das vendas de uma organização, e não por meio de fusões ou aquisições. Esse crescimento acontece mediante investimento, esforço comercial e produtivo das atividades da empresa com vistas a novos produtos, alocação de recursos, estratégias comerciais diferentes e, muitas vezes, mudanças que objetivam a eficiência e o lucro da organização.

Expert – É uma pessoa que tem habilidades ou conhecimentos específicos e diferenciados que a fazem dominar determinado assunto ou atividade.

Feedback – É uma palavra de origem inglesa que, se traduzida ao "pé da letra", significa "contra-alimentar", ou seja, nutrir uma pessoa com informações sobre algo que ela fez ou está fazendo e as implicações disso. Geralmente, é utilizada no mundo corporativo para explicar a um profissional sobre seu desempenho. Ele pode ser positivo ou negativo, mas sempre tem um caráter de construção, de melhoria e desenvolvimento de uma pessoa.

First-time leader – Expressão em inglês atribuída aos líderes que são líderes pela primeira vez em suas carreiras.

Gap – Termo em inglês que significa algo que está faltando.

Insights – Termo em inglês que indica ideias e compreensões que ganhamos sobre determinado assunto.

Leader coach – É o líder capaz de gerenciar sua equipe utilizando ferramentas e práticas do coaching. O *leader coach* está próximo de seu time e ajuda os indivíduos a ampliarem seu autoconhecimento e a desenvolverem novas competências e habilidades, fazendo com que utilizem seu pleno potencial em suas posições. Esse líder acredita na geração de resultados por meio do desenvolvimento de talentos.

Matching – É o ato de verificar a correspondência entre duas coisas. Trata-se de um conceito utilizado para dizer o quanto e de que forma determinada coisa combina ou não com outra. Um exemplo desse conceito aplicado aos negócios é o *matching* cultural, ou seja, uma empresa busca compreender como é sua cultura e qual é o *matching* dos candidatos que ela está recrutando *versus* a cultura da empresa, conseguindo compreender similaridades e diferenças entre ambos os apectos.

Mentorado – É o indivíduo que busca mentoria para si. O mentorado normalmente está em processo de desenvolvimento e procura alguém que tenha experiências importantes que tragam *insights* relevantes para sua carreira. O papel do mentorado é compartilhar com o mentor seus principais desafios e objetivos, de modo que o mentor possa fornecer informações significativas para direcionar as reflexões.

Mentoria – É uma ferramenta utilizada para desenvolvimento de pessoas. A característica fundamental de um processo de mentoria é a troca entre dois ou mais indivíduos em que haja o compartilhamento de vivências. Por exemplo, um processo de mentoria entre duas pessoas funciona com um mentor e um mentorado, em que o mentor compartilha com o mentorado situações que já experienciou com o objetivo de ajudar na reflexão do mentorado sobre questões atuais e futuras, auxiliando-o a compreender possibilidades de caminhos a serem seguidos.

Outplacement – São processos criados para auxiliar empresas e profissionais nas situações de recolocação. É muito comum que empresas invistam em processos de *outplacement* para executivos que estão se desligando da organização, como forma de apoiá-los no processo de recolocação e transição. Normalmente, os processos de *outplacement* são conduzidos por consultorias externas e especializadas nesse tipo de trabalho.

Pipeline – D e forma literal, podemos traduzir a palavra *pipeline* como "cano" ou "oleoduto". Na prática, essa palavra é utilizada no mundo dos negócios para representar um processo, desde seu início até o final. Assim, *pipeline* de liderança seria a jornada de crescimento de um líder.

Rapport – É um conceito que significa a capacidade de criar relação, ligação ou conexão com outra pessoa. A técnica de criar *rapport* é a capacidade de se conectar com a outra pessoa visando estabelecer uma relação aberta para que haja uma comunicação direta, a criação de um ambiente de confiança e um vínculo entre ambas as partes.

Recursos Humanos – É um termo utilizado para se referir à área de Recursos Humanos. Atualmente, essa área tem diversas designações, que foram sendo criadas ao longo do tempo, mas, basicamente, o Recursos Humanos é a área responsável pela estratégia de pessoas da organização. É na área de Recursos Humanos que as principais ferramentas de talentos são criadas, desde a atração até a retenção e o desenvolvimento das pessoas para que os líderes possam utilizá-las no gerenciamento dos times. Além disso, o Recursos Humanos é um grande parceiro do negócio, trazendo informações e dados relevantes para as discussões e tomada de decisão.

Self-assessment – É uma ferramenta de autoavaliação. Ela pode ser efetivada por meio de testes ou instrumentos psicométricos que ajudem o indivíduo a levantar dados sobre si, os quais estimulem a reflexão e ampliem o autoconhecimento. Existem diversos tipos de *self-assessment*, mas a característica fundamental é que contém somente a autopercepção do indivíduo e não traz percepções externas de outras pessoas.

Standards – Palavra em inglês que significa "padrões".

Startups – Existem diversas definições para *startup*, principalmente porque o termo ficou muito conhecido nos últimos tempos. Basicamente, *startup* significa o ato de começar algo e está muito relacionado com empresas que estão no início de suas atividades, buscando explorar novas atuações no mercado. Esse termo está conectado, atualmente, a empresas de tecnologia, mas não necessariamente uma *startup* precisa ser uma empresa de tecnologia em si, ela pode ter a tecnologia envolvida em seus processos e em sua forma de realizar as coisas. É importante destacar que, normalmente, as *startups* são empresas que buscam inovar em qualquer ramo de atividade, desenvolvendo um modelo de negócio escalável e que seja repetível, a partir do qual a empresa possa gerar lucros em pouco tempo sem um aumento significativo de custos.

Stakeholder – É um termo que significa "parte interessada" e é usado para falar sobre indivíduos com os quais uma pessoa tem algum tipo de relação e que, de alguma forma, são impactados pelas ações tomadas por essa pessoa. Esse conceito é muito utilizado nas organizações e, em geral, cada indivíduo tem diversos *stakeholders*, tanto internos quanto externos. É importante que as pessoas possam identificar seus *stakeholders* e consigam compreender como se relacionam com eles e como impactam cada um deles.

Referências

BARRET, R. Values-Driven Organizations. Abingdon: Routledge, 2017.

BELLMAN, G. M. A vocação de consultor. São Paulo: Makron Books, 1993.

BIAL, P. Filtro solar. 2003. Disponível em: <https://www.youtube.com/watch?v=GaVP53NGLT0>. Acesso em: 12 abr. 2021.

BIRKMAN FINK, S.; CAPPARELL, S. O método Birkman: sua personlidade no trabalho. São Paulo: Évora, 2018.

CFP – Conselho Federal de Psicologia. Código de Ética Profissional do Psicólogo. Brasília, ago. 2005. Disponível em: <https://site.cfp.org.br/legislacao/codigo-de-etica>. Acesso em: 12 abr. 2021.

CHARAN; R.; DROTTER, S.; NOEL, J. Pipeline de liderança. São Paulo: Campus, 2000.

DOWNEY, M. Effective Coaching: Lessons from the Coaches' Coach. 3. ed. Boston: Cengage Learning, 2003.

EX-ISTO. Frases de Sören Kierkegaard. Disponível em: <https://www.ex-isto.com/2018/05/kierkegaard-frases.html>. Acesso em: 12 abr. 2021.

FELLIPELLI, A. Certificação em relacionamentos interpessoais: FIRO-B™ – Online. Disponível em: <https://fellipelli.com.br/produto/certificacao-em-relacionamentos-interpessoais-firo-b-online>. Acesso em: 12 abr. 2021a.

FELLIPELLI, A. MBTI: o que é o MBTI ®? Disponível em: <https://fellipelli.com.br/assessment/mbti>. Acesso em: 12 abr. 2021b.

FREUD MUSEUM. Virtual Tour. Disponível em: <https://www.freud.org.uk/visit/virtual-tour>. Acesso em: 12 abr. 2021.

GOLEMAN, D. Inteligência emocional. São Paulo: Saraiva, 1995.

HOGAN. Por que Hogan? Disponível em: <http://www.hoganbrasil.com.br/quem-somos/por-que-hogan>. Acesso em: 12 abr. 2021.

ICF – International Coach Federation. Código de Ética. Jun. 2015. Disponível em: <https://www.icfbrasil.org/downloads/codigo-de-etica.pdf>. Acesso em: 12 abr. 2020.

JUNG, C. G. **Arquétipos e o inconsciente coletivo**. 7. ed. Petrópolis: Vozes, 2011. (Coleção Obra Completa).

KLEIN, N. **Time to Think**: Listening to Ignite the Human Mind. London: Cassell, 1999.

LIMA, F. **Por que usar uma tipologia psicológica**. 5 nov. 2020. Disponível em: <https://www.pieron.com.br/por-que-usar-uma-tipologia-psicologica>. Acesso em: 12 abr. 2021.

MARQUES, J. R. **Jornada da alma**: os sete estágios do desenvolvimento psicológico. Disponível em: <https://www.jrmcoaching.com.br/blog/jornada-alma-sete-estagios-desenvolvimento-psicologico/>. Acesso em: 12 abr. 2021.

MICHAELIS. **Dicionário escolar alemão**. Disponível em: <https://michaelis.uol.com.br/escolar-alemao>. Acesso em: 12 abr. 2021a.

MICHAELIS. **Dicionário escolar inglês**. Disponível em: <https://michaelis.uol.com.br/escolar-alemao>. Acesso em: 12 abr. 2021b.

PIERON. **Insights Discovery**. Disponível em: <https://www.pieron.com.br/insights-discovery>. Acesso em: 12 abr. 2021.

POTRECK-ROSE, F; JACOB, G. **Autoestima e suas técnicas**. São Paulo: Paidós, 2006.

QUEM É esse tal de relatório DISC? Itu, 26 jan. 2018. Disponível em: <https://www.itu.com.br/artigo/quem-e-este-tal-relatorio-disc-20180126>. Acesso em: 12 abr. 2021.

RENTON, J. **Coaching and Mentoring**: What They are and How to Make the Most of Them. New York: Bloomberg Press, 2009.

ROCHA, C. A. da. **Processo de individuação de Jung**: a projeção como barreira ao autodesenvolvimento. 44 f. Monografia (Bacharelado em Psicologia) – Faculdade de Educação e Meio ambiente, Ariquemes, RO, 2017. Disponível em: <http://repositorio.faema.edu.br/handle/123456789/1202>. Acesso em: 12 abr. 2021.

ROGERS, C. **A teoria da personalidade**. São Paulo: Livraria Santo Antonio, 1973.

ROGERS, C. **Tornar-se pessoa**. São Paulo: M. Fontes, 2017.

ROHN, J. **O tesouro das citações**. [S.l.]: Lydia Colón, 1995.

SANTOS, B. P. S. O conceito de consciência na obra inicial de William James. 86 f. Dissertação (Mestrado em Psicologia) – Universidade Federal de Juiz de Fora, Juiz de Fora, MG, 2017. Disponível em: <https://repositorio.ufjf.br/jspui/bitstream/ufjf/5624/1/brunopamponetsilvasantos.pdf>. Acesso em: 12 abr. 2021.

SCHULTZ, D. P.; SCHULTZ, S. E. **História da psicologia moderna.** São Paulo: Cengage Learning, 1969.

TTI SUCESS INSIGHT. **O DISC no Brasil.** Disponível em: <https://www.disc.com.br/o-disc-no-brasil>. Acesso em: 12 abr. 2021.

WISEMAN, T. A Concept Analysis of Empathy. **Journal of Advanced Nursing**, n. 23, p. 1.162-1.167, 1996.

Sobre a autora

Elaine Saad é considerada uma das maiores especialistas em Recursos Humanos do país. Durante mais de 30 anos de carreira na área, foi sócia-fundadora de empresa nacional na área de consultoria, depois adquirida pela Right Management, onde permaneceu por 11 anos como executiva, gerente geral do Brasil e da América Latina. Em janeiro de 2012, foi convidada a fazer o *startup* da inglesa YSC no Brasil, consultoria com presença global e mais de 20 anos de atuação no mercado. Sua *expertise* consiste no suporte às organizações em processos de mudança organizacional, processos de aquisições de empresas e gerenciamento de capital humano, bem como suporte direto a CEOs, lideranças de Recursos Humanos e empresários, em processos de *assessment*, coaching e desenvolvimento de líderes. Atuou por 15 anos na Associação Brasileira de Recursos Humanos (ABRH), onde foi presidente da ABRH-SP e da ABRH-Brasil. É fundadora do Comitê de Vice-Presidentes de Recursos Humanos da Amcham, onde atualmente é *chairperson*[1] honorária. É coordenadora nacional do PNBE (Pensamento Nacional de Bases Empresariais), entidade que agrupa empresários brasileiros apartidários. Elaine completou seu MBA Executivo no Insper (Instituto de Ensino e Pesquisa) do Grupo IBMEC em agosto de 2011. É graduada em Psicologia, com pós-graduação em Administração de Empresas. Fluente em inglês e espanhol, tem conhecimentos de mandarim, idioma que estuda desde 2005. De 2007 a 2010, foi consultora de carreira da revista *Você S/A*, respondendo a perguntas de seus leitores, bem como colunista do *site* da UOL, de 2009 a 2012, para assuntos voltados à área de Recursos Humanos. Frequente escritora de artigos relacionados à sua área, também palestrante em eventos sobre temas diversos da área, em eventos nacionais e internacionais, como sua participação em evento da entidade americana Society for Human Resource Management (SHRM) – maior entidade de Recursos Humanos do mundo –, em junho de 2013, representando o Brasil em painel de Recursos Humanos sobre os países do BRIC (Brasil, Rússia, Índia e China), junto a representantes de Índia e China. Foi laureada em 2018 pela Divine Académie des Arts Lettres et Culture por sua

---

1 Cargo que indica a primeira presidente do comitê quando foi fundado.

participação como coautora do livro *Histórias de executivos de alta gestão*. Em 2019, foi convidada pela Academia Europeia da Alta Gestão para receber o título de executiva de honra. Também agrega a este texto descritivo a avaliação de inúmeros executivos via processos de *assessment*, bem como coaching de profissionais de primeiro escalão de organizações de grande porte do país. Além disso, conduz processos de desenvolvimento de times de CEOs e seus reportes diretos.

Os papéis utilizados neste livro, certificados por instituições ambientais competentes, são recicláveis, provenientes de fontes renováveis e, portanto, um meio **respons**ável e natural de informação e conhecimento.

FSC
www.fsc.org
MISTO
Papel produzido a partir de fontes responsáveis
FSC® C103535

Impressão: Reproset
Dezembro/2021